四川"高品质学校建设的探索与实践"课题研究系列

（课题批准号：川教函〔2018〕495号）

高品质学校建设

理论之思

主　编　刘　涛

本册主编　崔　勇　张文龙

四川教育出版社

图书在版编目（CIP）数据

高品质学校建设. 理论之思 / 刘涛主编；崔勇，张文龙分册主编. —成都：四川教育出版社，2021.8
ISBN 978-7-5408-7734-7

Ⅰ. ①高… Ⅱ. ①刘… ②崔… ③张… Ⅲ. ①学校管理－研究 Ⅳ. ①G47

中国版本图书馆CIP数据核字（2021）第149445号

高品质学校建设·理论之思
GAOPINZHI XUEXIAO JIANSHE LILUN ZHI SI

主　　编　刘　涛
本册主编　崔　勇　张文龙

出 品 人	雷　华
策划组稿	余　兰　李健敏　卢亚兵
责任编辑	李霞湘　李萌芽　孟庆发
责任校对	燕啸波
封面设计	成都墨之创文化传播有限公司
版式设计	武　韵
责任印制	田东洋
出版发行	四川教育出版社
	地　　址　四川省成都市黄荆路13号
	邮政编码　610225
	网　　址　www.chuanjiaoshe.com
制　　作	四川胜翔数码印务设计有限公司
印　　刷	成都市锦慧彩印有限公司
版　　次	2021年9月第1版
印　　次	2021年9月第1次印刷
成品规格	185mm×260mm
印　　张	13
字　　数	210千
书　　号	ISBN 978-7-5408-7734-7
定　　价	48.00元

如发现质量问题，请与本社联系。总编室电话：(028) 86259381

《高品质学校建设·理论之思》
学术指导委员会

（按姓氏笔画排序）

于发友	王定华	王　磊	文　喆
成尚荣	朱德全	刘立德	严先元
杜学元	李小融	李　方	李江源
李松林	李政涛	杨银付	吴定初
沙培宁	宋乃庆	陈云龙	陈　宁
陈如平	范春林	罗　哲	岳刚德
周小山	赵家骥	宣小红	姚文忠
高书国	褚宏启	颜　莹	戴　晖

《高品质学校建设·理论之思》
编委会

主　　编：刘　涛

本册主编：崔　勇　张文龙

副 主 编：李庆九　毛道生

成　　员：何伦忠　余　琳　张　伟　易国栋
　　　　　刘　凯　沈嫒元　陈兴中　刘莉莉

序

创造性回应高质量发展时代要求的伟大工程

近几年,四川省基础教育发生了重大的变化,一派欣欣向荣、积极向未来的生动景象,这一景象已成为教育改革、文化进步的气象。变化的主要原因,是因为全省构筑了一项重大工程——"高品质学校建设"工程。这项工程历经十年,有序、有效、有深度地推进,带动了整个基础教育的改革与发展。学校高品质建设的目标正在实现并不断提升。如今,这项工程成果丰硕,经验丰厚,这本《高品质学校建设·理论之思》即是工程成果的一部分。这一成果熠熠闪光,给学校以鼓舞,给大家以深刻的启示。成果的分享,必然进一步发挥其示范、辐射的作用,影响更多的地区和学校。

"高品质学校建设"有着宏大的时代背景,彰显了崇高的价值立意。这项工程呼应国家发展的战略主题:中国进入高质量发展时代。高质量发展需要构建德智体美劳全面发展的教育体系,而高质量发展的教育体系,实质是构建更高水平的育人体系,这一更高水平的育人体系一定要在学校里实现。因此,四川省"高品质学校建设"是落实教育高质量发展的关键之举,具有重要的战略意义;是落实教育高质量发展的深度之举,探索学校高品质发展规律,具有科学性;也是落实教育高质量发展的闪亮之举,形成四川省基础教育的特色,具有学术性。这一举措,让高质量发展的国家要求具体化了、可操作了,得以真正落实。

如前文所述,"高品质学校建设"的实质是构建更高水平的育人体系,落实立德树人根本任务,高品质、高水平说到底是立德树人的高质量,是育人的高质量,是人发展的高质量。这项工程是四川全省基础教育立德树人的切入口、突破点,是立德树人的实现方式。"高品质学校建设"的核心是人，它以学校高品质的建设，让人的发展有了土壤、有了载体、有了保障；它更以人的发展为核心，推动学校高品质发展，让学校发展方向感更明、目的性更强、站位更高、价值更凸显。

四川省教科院是这一重大工程的研究者，也是设计者、实施者、总结者，为"高品质学校建设"做了重要贡献。他们从学理性做了研究，将"高品质"解释为高品位和高质量。所谓高品位，是指高格调。如果学校只有高质量而没有高品位，那么它的格调就是不高的，品位不高即格调不高的学校，不会很美，学生的心智发展不会很完善，人的幸福感不会很强。高品位、高格调指的是理论的品位与格调，因而高品质发展有理性思考和理论支撑，有理性光彩的闪耀。高品位、高格调也指美学品格和美学精神，有美学色彩的闪耀。高品位、高格调更指文化品格和文化意蕴，因而高品质发展意味着文化的进步，有文化自信和文化自豪感的闪耀。高品位与高质量是互动的，也是互相促进的，没有高品位就很难说有真正的高质量。高品位与高质量的和谐统一，形成了共生共长的良好态势。

"高品质学校建设"工程，推动学校体系化、结构化、特色化发展。所谓体系化，是学段的整体构造，是德智体美劳的并举与融合，尤其是对校长、教师、学生、家长发展的整体、系统的设计与实施。所谓结构化，是对学校课程、教学、活动、校园、管理进行分类研究，在这一过程中又形成大主题和大任务。结构化让工程有了主题、主线，新的要素的重新组合，新的结构形成，会带来创新。所谓特色化，既体现地域特点，又体现校本特色，既有四川决策、四川故事、四川经验、四川样态，又有不同学段、不同类型学校的不同风格、特色。体系化、结构化、特色化使四川"高品质学校建设"多姿多彩、生动活泼，在品位与质量上、在层次与深度上有了新的跃升。

值得称道的是，《高品质学校建设·理论之思》以问题的方式来展开。以问题方式来呈现、展开，说明了本书从实际出发，以问题为导向。问题是时代的呼唤，以问题为导向，实则是以时代使命为导向。问题引起追问与思考，追问与思考必然促使人们进行理论的学习、研究，并结合实践，生成对已有理论的新阐释，进而生成新的理论。理论之问，理性之思，都是在进行理论深思、理论揭秘、理论创造。四川省教科院牵头的这一重大工程是有理论深度和学术品格的。他们在理论上的探寻，关涉发展理论、系统论、结构论、课程论、教学论，关涉哲学、美学、伦理学，站在文化的高度，用新时代素质教育理论来统摄、引领整个工程建设，难能可贵。习近平总书记指出："素质教育是教育的核心。"素质教育让高品质学校建设走向教育的本质与核心，走向人的全面发展，走向学校文化的进步。今天学校的高品质发展，就是未来教育的生动而光彩的图景，让每个孩子享有公平而有质量的教育就深蕴在高品质学校建设中。读了这本著作后，我们有了更热切的期待。

（成尚荣，江苏省教育科学研究院研究员，原国家督学，教育部基础教育课程改革专家委员会委员，教育部中小学教材审定委员会委员）

前言

国家教育远景目标展望下的四川探索

党的十八大以来,党中央高度重视教育事业,明确提出要"努力让每个孩子都能享有公平而有质量的教育"。四川省委教育工委、省教育厅坚决贯彻党和国家的教育方针政策,构筑教育鼎兴之路,努力实现四川教育从"建起来"到"大起来"再到"强起来"的历史性转变。四川省教科院树立了"为政府教育部门决策服务,为学校教育质量提升服务"的宗旨,开展"高品质学校建设"问题的研究与实验。

第一,为什么要研究"高品质学校建设"?

"高品质学校"的理念最早是 2012 年由我在泸州提出的。当时有部分学校办学理念不清、定位不准;招生争抢生源,破坏教育生态;滥用"题海战术",加重师生负担——这表明,有些学校"片面理解质量,刻意追求数量,违背教育规律,严重缺乏品位"。针对这些问题,我们主张"有品位的质量",提倡学校应当依据国家教育方针办学,依据学生身心发展规律教学,依据教育规律育人,以文化人。

2018 年 1 月 20 日,中共中央、国务院发布《关于全面深化新时代教师队伍建设改革的意见》,明确提出:"面向全体中小学校长,加大培训力度,提升校长办学治校能力,打造高品质学校。""高品质学校"被确定为"国家目标",更加坚定了我们深化研究、推广实践、提炼"四川样本"的信心。

党的十九届五中全会通过的《中共中央关于制定国民经济和社会发展第十四个五年规划和二〇三五年远景目标的建议》(以下简称《建议》),明确了"建设高质量教育体系"的政策导向和重点要求，我们认为"高品质学校"要顺应国家教育事业总体战略部署，应该成为"高质量教育体系"的重要部分。

第二，什么是"高品质学校"？

根据研究我们认为，高品质学校是指坚持党的教育方针，遵循教育规律，营造最适合师生教育情境和发展需要，实现学生全面而有个性发展的高品位、高质量的学校。

我们试图通过这个定义表达四个方面的提倡。

一是要坚持办学的方向，要做到"顶天立地"。学校是党的学校，是国家的学校，是人民的学校，办学方向是学校改革发展的根本。办学方向的明确要从"顶天""立地"两个方面考虑。

所谓"顶天"，是说学校要严格依照国家教育方针政策的要求，办学必须坚持"两个维护"，坚持"四个意识"，坚持党管教育；要围绕"培养什么人、怎样培养人、为谁培养人"的根本问题，全面落实立德树人根本任务，始终坚持"五育"并举的基本途径，引导学生全面发展。

所谓"立地"，是说学校不仅要"抬头看天"，也要"低头看路"，学校要根据区域发展、自身条件、学生情况等要素，认清改革发展的基础，与时俱进、因地制宜、因人而异地落实国家的要求，精准定位，找到适合自己的改革策略和发展道路。

二是要坚持科学的理念，要做到"符合规律"。学校建设是一个系统工程，要符合教育教学规律，要符合学生身心成长规律，还要符合学校管理规律。高品质学校就是要把这些规律整合起来，内化成为一套完整的办学理念，成为大家的思维方式、行为方式，用先进理念引领科学发展。

我们认为新时代高品质学校建设要坚持"两全两共"的理念，包括"全人、全纳、共生、共赢"四个方面。这一理念继承了孔子教育思想中有教无类、因材施教的精华，遵循了马克思主义关于人的全面发展的思想，体现了我国教育事业的社会主义性质，贯彻了创新、协调、绿色、开放、共享的新发展理念。

三是要创新学校发展的路径，要做到"文化浸润"。育人方式的转变是我们有关高品质学校建设的重要主张。学校是师生工作、学习、生活的地方，学校的办学不是一系列的"机械动作"，而是有"根"有"魂"的自然生长和文化浸润。学校是"育人"的地方，要以文化养料培植"人"的根基。没有文化的学校，虽然可以提高分数，但很难培养学生素养，更无法涵育人性。有文化的学校，要实现学校教育中的生本理念，从"育分"转向"育人"。因而，学校要从文化的高度整体思考办学理念的提出、培养目标的确定、课程内容的建构、教学方式的优化以及综合评价的改革,以减轻负担,满足需要,提高效率,优化体验。

四是要追求理想的情境,要做到"全面发展"。高品质学校建设是一个渐入佳境的过程,追求营造最适合师生教育情境和发展需要的理想愿景,全面发展既指每一个学生德智体美劳的全面而有个性的成长,又要求学校育人力量的全面调动和学校发展生态的全面优化。一所高品质学校,一定是校长具备"五修三力"的学校,一定是教师落实"五育三课"的学校,一定是校园彰显"五建三好"的学校,一定是学生展现"五优三强"的学校,一定是家长实现"五会三美"的学校,一定是不断发现自己、不断努力进步的学校!

第三,怎样建设"高品质学校"?

"高品质=品位×质量",是教育由量的增长转向质的提升的体现。高质量学校不一定是高品质学校,高品质学校一定是高质量学校。高品质学校建设要秉持"适合的教育才是最好的教育"、全面发展、终身学习、人人成功、有教无类、因材施教、知行结合、尊重包容八大理念。教学结构改革是建设高品质学校的重点工作,要在课程、课时、教学、考试、评价五个维度整体推进。课程改革要处理好必修和选修的关系,课时改革要统筹安排长课时、中课时、短课时,教学结构改革要推进课前、课中、课后流程再造,考试改革要用好考试这根指挥棒,评价改革要用好评价这个方向盘。

高品质学校建设要坚持共性与个性的统一。

高品质学校是注重学生全面发展和个性发展相结合的学校。学校作为提供教育的组织机构,学生是其最终的受惠者,因此,学生的培养质量是学校品质最直接的体现。当前,立德树人是义务教育的根本任务。要落实立德树人的根本任务,就必须促进学生全面发展。高品质学校是办学特色鲜明的学校,学校建设是共性与个性的统一体,对于高品质学校来说,它的另一个重要特质就是能够在深入分析本校历史文化和地域环境特征的基础上,充分挖掘、发挥和发展自己的特色优势,科学制订学校发展的顶层设计,潜心培育独具特色的校园文化,走出具有自己鲜明特色的个性化办学之路,使其能够区别于其他学校,树立自己的办学品牌。

具体而言,高品质学校建设要在四个方面着力。

一要以政策引领改革方向。高品质学校建设应始终坚持立德树人、"五育"并举,聚焦"培养什么人、怎样培养人、为谁培养人"的根本问题。"办好每一所学校,教好每一个学生"是我们的初心,也是我们的使命。高品质学校建设要全面落实党对教育工作的全面领导，构建现代学校制度，提高学校的治理能力和水平。

二要以结构撬动改革突破。学校改革是一项系统性的工程，不能零敲碎打，必须统筹谋划。高品质学校建设的改革应立足社会转型下的基础教育学校改革问题，在"高品质"理念指导下，以课堂教学改革为基础，以学校的办学理念、课程体系、课堂教学、教学评价为主线，构建以队伍、治理、研究、评价为支撑的学校办学框架，真正实现具有完整的系统架构和愿景导向的结构性变革。

三要以融合助力改革推广。高品质学校建设应始终秉持开放融合的原则，鼓励跨区域、跨学段的交流互动，使学校与教育行政部门、教育科研机构紧密配合，学校之间互相学习、共同进步。四川省教科院牵头，兼顾区域教育改革的决策和学校教育质量的提升，撬动了行政部门、科研机构和各学段、各区域学校的多元联动，全省十余个教育行政部门推进，500余所学校响应，全省上下基本形成了教研引领、行政推动、学校实施、学生参与、家长协同的共建共享、各美其美的建设发展机制。

四要以评价倒逼改革深化。评价是推进高品质学校建设的指挥棒。评价改革必须直指学校教育的重点、难点、热点问题，破解学校改革发展的瓶颈，释放办学活力。高品质学校评价核心指向学校实现"立德树人"、"五育"并举，实现学生全面而有个性发展的目的；评价重点指向学校办学理念科学性、课程建设多样性、教学方式生本性、学生评价综合性、办学条件情境性等情况；评价难点指向学生个性特长、学校办学特色、过重学业负担、体质健康、群众满意度等难点问题。通过高品质学校评价体系构建，倒逼学校深化改革，实现各美其美、美美与共的发展格局。

"高品质学校建设"是在国家宏观战略规划下的教育强音，是在国家远景目标展望下的四川探索。面对新时代，四川省教科院将继续致力于落实"两个服务"宗旨，构建学校办学品位定性监测机制和绿色质量评价指标，建设一批高品质实验学校，推动更多的学校实现高品质发展，为中国特色优质教育发展贡献"四川样本"。

刘 涛

（刘涛，四川省教育科学研究院党总支书记、院长）

目录

第一部分 ▶ 高品质学校建设 20 问

第一章 时代的召唤 …… 002
第 1 问:教育改革的历史经验与走向是什么? …… 003
第 2 问:新时代教育改革的困境和发展要求是什么? …… 012

第二章 学理的探求 …… 016
第 3 问:高品质学校的内涵特征是什么? …… 017
第 4 问:高品质学校的品位和质量是什么关系? …… 022
第 5 问:高品质学校的价值取向是什么? …… 025
第 6 问:高品质学校的发展规律是什么? …… 027

第三章 蓝图的描绘 …… 030
第 7 问:高品质学校的理想样态是什么? …… 031
第 8 问:"五修三力"的校长指什么? …… 032
第 9 问:"五育三课"的教师指什么? …… 047

第 10 问:"五优三强"的学生指什么? ……………………… 054
第 11 问:"五会三美"的家长指什么? ……………………… 063
第 12 问:"五建三好"的校园指什么? ……………………… 073

第四章　行动的方略 ……………………………………… 091
第 13 问:高品质学校建设的区域推进策略是什么? ………… 092
第 14 问:高品质学校建设的学校实践策略是什么? ………… 094
第 15 问:高品质幼儿园建设的学段策略是什么? …………… 096
第 16 问:高品质小学建设的学段策略是什么? ……………… 099
第 17 问:高品质中学建设的学段策略是什么? ……………… 102
第 18 问:高品质学校建设的评价指标是什么? ……………… 105

第五章　实践的图景 ……………………………………… 109
第 19 问:高品质学校改革与其他教育改革主张有何共识? …… 110
第 20 问:高品质学校改革的影响有哪些? …………………… 120

第二部分 ▶ 专家视角

第一章　价值定位 …………………………………………………… 126
第二章　实践引领 …………………………………………………… 150
第三章　研究建言 …………………………………………………… 169
　一、开题展望 ……………………………………………………… 170
　二、中期建议 ……………………………………………………… 172
　三、阶段推进 ……………………………………………………… 176
　四、结题鉴定 ……………………………………………………… 178

后　记

第一部分

高品质学校建设 *20* 问

第一章
时代的召唤

第 1 问

教育改革的历史经验与走向是什么？

近四十年来，我国教育改革与实验不断涌现出有效的做法，留下宝贵的经验，留下丰硕成果。总体看来，中国近四十年的教育改革与实验大致可以分为六大类型，呈现四大走向，取得了四大经验。

一、近四十年教育改革与实验的六大类型

通过对文献和实践的梳理，课题组从近年来仍然活跃在一线或正在萌生的改革模式中选出一些典型改革案例，对其进行整理和分析。我们将这些改革分为六个大类，不完全按照时间先后顺序，试图为分析当下的教育改革研究和实践提供一种新视角。

（一）针对教学形式的改革

针对教学形式的改革是完全兴起于实践中的由民间主导的教学改革，受到理念、视野、政策等方面的限制，主要关注的是教学形式的改革。从改革的成效和引发的影响来看，突出的代表有洋思模式和杜郎口模式。洋思的"先学后教，当堂训练"和杜郎口的"三三六"自主学习模式不仅给学校带来了显著的变化，更引发了全国范围的学习浪潮。

黄冈师范学院教授袁小鹏对黄冈中学进行了长期的研究，将黄冈中学的成功总结为"学生苦读、老师苦教、家长苦帮"的结果。而洋思模式和杜郎口模式是对传统的黄冈模式、衡水模式的反叛。新模式在两个方面具有鲜明的改革特点：第一，无论是洋思模式还是杜郎口模式，都是在强调自主学习的作用，颠倒了传统教学模式中教与

学的比例，甚至在一定程度上转变了教与学的关系；第二，相较于传统模式拔尖取优、重视竞赛的做法，新模式在扶困补差方面具有明显的优势，在提升教学效率和覆盖率上提供了新的思路。

今天再回顾洋思模式和杜郎口模式，我们不难看到，二者刷新了广大一线教师对教学的认识，证明了"以学为中心"的教学的可操作性，给我国的教育教学改革带来不小的震动，引发了广泛的关注、研究和追随，给更多学校的改革尝试提供了精神的鼓舞和值得借鉴的经验。

（二）基于教学逻辑的改革

基于教学逻辑的改革较针对教学形式的改革类更为深化，是由实践经验上升到理论架构的改革。代表性的模式是李吉林老师主研的情境教育和郭思乐教授主研的生本教育。这些改革的关注点在教学关系，改革脱胎于教学实践，改革的主阵地还是在课堂，但基于课堂延伸到其他方面，具有显著的实践特征和普遍的适应性。

李吉林老师在语文教学的实践中总结出情境教学的方法，并拓展到各学科，拓展到课程的开发与实施，更拓展到教育的其他方面，构建了完整的"情境教育"的理论框架和操作体系，逐渐成为我国素质教育的重要模式之一，对于后来的教育教学实践有普遍且深远的影响。

生本教育的主研人是郭思乐教授，他提出的生本教育思想具有鲜明的实践特征，主张"儿童是天生的学习者"的儿童观；试图调动学生本能的力量，形成教育的新的动力方式和动力机制；强调教学就是学生在教师的组织引导下的个人、小组和班级等多种方式的自主学习，鼓励先学，以学定教，少教多学，直至"不教而教"。生本教育在全国形成了广泛的影响，至今仍有许多地区正在大力推行生本教育改革。

情境教育和生本教育都明确提出"一切为了儿童的发展"，这不仅是两位教师教育理念追求上的契合，也体现出教育理念发展的主流动向。二者都抓住学生追求真善美的本能，情境教育从"求美"的角度熏陶，生本教育从"求真"的角度引导，使学生逐渐养成自主学习的习惯和能力。二者在教学上的主张与洋思模式、杜郎口模式也有很多相同点，同时其理论深度、实践宽度和应用广度都保证了其强大的生命力，至今仍然在教育的理论界和实践中影响深远。

（三）从教学走向育人的改革

从教学走向育人的教育改革是理论研究指导下的实践改革。代表性的研究是裴娣娜教授主持的主体教育实验和朱小蔓教授主持的情感教育研究。这些改革缘起于教育基础理论研究，以对教育理论中的一些重大问题的反思为逻辑起点，是从"实验室"走向"田野"的改革，是以自上而下的路径推行的。改革的关注点由知识教育转向素质教育，由智力因素教育转向非智力因素教育，改革的阵地走出课堂，改革目的由改进教学转向全面育人。

主体教育实验起源于20世纪80年代初，经过顾明远、黄济、王策三、王道俊、郭文安等著名教育学家的讨论辨析，确立了关于学生主体的五大观点。此后，裴娣娜教授主持了大面积的主体教育实验，推动高等院校、科研单位、行政部门和中小学校共同参与，进行了深入全面的行动研究，并形成了主体教育理论分析框架，构建了主体教育理念下的课程开发与发展性教学策略。

情感教育是相对于认知教育而言的，是指教育过程中对非智力因素的教育。朱小蔓教授在国内率先提出了以情感为基础概念的教育哲学思想，提出了情感性德育的理论范式和中国特色的操作模式，对情感教育的理论建构与实践指导做出了开拓性的贡献，随即有越来越多的地区和学校认识到情感教育的重要性，并首先依托思想品德教学和德育展开了研究和实践。

主体教育和情感教育诞生于教育理论研究，天生具有很强的学术品质，体现在三个方面：一是深刻性，二者都站在教育基本理论的高度，关注到教育中的"人"，将眼光投向了学生的隐性和长远发展，选择了对学生成长有重要意义的研究课题；二是开创性，二者都脱离了教育教学实践所受到的视野局限，注意到教育理论和实践在知识教育以外的相对空白，建构了完整的研究框架和具体的实践策略；三是持久性，二者在推广的过程中都逐渐得到了研究者和实践者的认同，发展成为教育教学的重要原则，产生了深远的影响，获得了持久的生命力。

（四）走向理想教育的改革

走向理想教育的改革是基于宏大的教育愿景和全面的改革体系的整体改革研究与实践。代表性的改革是叶澜教授主持的"新基础教育"实验和朱永新教授主持的"新教育"实验。这类改革由专家引领,在较大范围内整体推进,是学校或区域教育多方面、多角度进行的综合改革。

叶澜教授主持的"新基础教育"实验是20世纪90年代初发起的一项长期推进、理论与实践互动的综合性课题。"新基础教育"坚持以"生命关怀"为总的价值取向,主张强调未来性、生命性和社会性的教育价值观,注重学生发展潜在性、主动性和差异性的学生观,强调双边共时性、灵活结构性、动态生成性及综合渗透性的教育活动观。改革力推学校教学活动模式、班级建设模式、学校管理模式的变革与更新,最终通过"研究性变革实践"来创建"价值提升、重心下移、结构开放、过程互动、动力内化"的新型学校。"新基础教育"实验从1994年启动,在全国范围进行了改革实验,逐渐完善了理论体系,并从实践的角度对当代中国的教育学理论进行了审视和重构,推出了一系列重要的研究成果。

"新教育"实验是由朱永新教授发起的。他基于对"旧教育"的反思和批判,将自己对教育的期待丰富成为较完整的教育改革蓝图。"新教育"以"为了一切的人,为了人的一切"为核心理念,主张无限相信学生与教师的潜力;教给学生一生有用的东西;重视精神状态,倡导成功体验;强调个性发展,注重特色教育;让师生与人类崇高精神对话。在操作层面上,"新教育"实验主张六大行动,包括营造书香校园、师生共写随笔、聆听窗外声音、双语口才训练、建设数码社区、构建理想课堂。朱永新教授的"新教育"理想逐渐引起教育研究者和实践者的共鸣,从2002年开始走入学校,开始改革实践。

"新基础教育"实验和"新教育"实验虽然诞生于不同的时间,但有很多相同点:首先,二者都反对以"应试教育"为特点的"旧教育"并以与其相反的姿态立足,只是"新基础教育"实验走的是从课堂向外延伸的路径,而"新教育"实验走的是从学校文化走向课堂的路径;其次,二者都没有聚焦到某一个具体的理论主张,而是以"新"命名,其中"新基础教育"背靠"生命、实践"理念,"新教育"则以"理想"为灵魂;最后,二者不仅给学校的教育教学实践带来了诸多改变,更使得学校的师生焕发出新的精神面貌,还给此后的教育改革提供了丰富的经验,已成为我国教育改革研究和实践的主要参考和样本,尤其是二者在改革中特别注重理念推广的做法,是其他教育改革应该重视的宝贵经验。

（五）立足课程重构的改革

立足于课程重构的改革是综合的课程改革。主要有教育部于 2001 年正式启动的新一轮基础教育课程改革和目前正在进行的素养教育改革；另外，美国政府主导的 STEM 教育也给我国的课程改革提供了一些积极的经验借鉴。课程是学校教育的载体，课程改革实际涉及教育的方方面面，其实质是国家通过行政力量全面推动的学校教育改革。

新一轮基础教育课程改革（以下简称"新课改"）是我国在 21 世纪开启的第一项重大教育改革。改革以教育部发布《基础教育课程改革纲要（试行）》为标志，主张通过课程对基础教育进行全面的改革，明确反对此前课程过于注重知识传授、过于强调学科本位、过于注重书本知识、过于强调接受学习和评价、过于强调甄别选拔功能、课程管理过于集中等倾向，以学生主体、全面发展为价值取向推进改革，主张给地方和学校下放一部分课程管理权力，加强课程结构整合，加强课程与生活和社会的联系，倡导自主、合作、探究的学习方法，使课程实现知识与技能、过程与方法、情感态度与价值观的三维目标。改革的持续推进和不断深化不仅使课程的内容焕然一新，也对国家课程的有效实施、地方及校本课程的合理开发、课程与教学理念的更新、课程与教学文化及课程与教学评价的再生起到了积极的推动作用。

素养教育是当下正在研究和准备中的一项教育改革实践。2014 年，教育部研制印发《关于全面深化课程改革，落实立德树人根本任务的意见》，说明"将组织研究提出各学段学生发展核心素养体系"。2016 年 9 月，以教育心理学家林崇德教授领衔的核心素养课题组发布研究成果，提出了中国学生发展核心素养的总体框架。中国学生发展核心素养以培养"全面发展的人"为核心，分为文化基础、自主发展、社会参与 3 个方面，综合表现为 6 大素养和 18 个基本要点。核心素养的研究和制定是党的教育方针的具体化，是连接宏观教育理念、培养目标与具体教育教学实践的中间环节。2018 年，教育部印发《普通高中课程方案和语文等学科课程标准（2017 年版）》，各科课程标准已提出学科核心素养，正式宣告素养教育踏上历史舞台。

STEM 是科学（Science）、技术（Technology）、工程（Engineering）、数学（Mathematics）四门学科英文首字母的缩写，STEM 教育即加强以上四个学科的教育改革。

2006年1月，时任美国总统布什在其国情咨文中公布美国竞争力"计划"（American Com-petitiveness Initiative，简称ACI），提出知识经济时代教育目标之一是培养具有STEM素养的人才，并称其为全球竞争力的关键。由此，美国在STEM教育方面不断加大投入。近年来，中国的教育研究者和实践者也注意到STEM教育的重要意义，展开了广泛的研究和实践。2016年，教育部出台的《教育信息化"十三五"规划》明确提出，要"探索STEM教育、创客教育等新教育模式"，首次在官方文件中提倡在我国进行STEM教育改革。

"新课改"、素养教育和STEM教育都是由国家政府主导的课程改革，给教育实践带来了直接的改变和深刻的影响。这一方面与政府主导下的强力机制及先实验后推广的改革模式有关，另一方面也说明了课程改革在教育改革中的关键地位。当下的教育改革正呈现出扩大课程自主权的趋势，教育改革者应把握机遇，提升课程领导力，抓住改革的关键，力促改革的成功。

（六）新技术融合的变革

新技术融合的改革是技术主导的变革。随着互联网技术的日益成熟，以及大数据、云技术、虚拟现实、人工智能等新兴技术的迅猛发展，技术融入教育以不可阻挡的态势改变着教育的生态。在信息技术产业遍地开花的发展形势下，技术主导的教育变革还未呈现出清晰的路线，没有出现突出的代表，政府、学校和企业从不同的角度展开探索。目前，这种探索主要集中在三个方面。

1. 课程网络化

课程联网的尝试不是由某一个明确的起点开始的，而是有多个起点。仅在2007—2008年两年间，"翻转课堂"模式、"可汗学院"网络课程、MOOC（Massive Open Online Courses，大型开放式网络课程）模式、微课模式相继诞生；2013年，又基于MOOC模式产生了SPOC（Small Private Online Course，小规模限制性在线课程）模式。总体来看，这些模式各有所长，主要应用于高等教育和继续教育，直接解决了传统实践中的许多问题；但随着课程资源的积累和网络条件的成熟，其优势也慢慢在基础教育中呈现出来，开始对基础教育产生影响。中国的网络应用发展迅速，规模具有绝对优势，这些模式不仅快速传入中国，其发展过程中的突破创新更是值得期待。

2. 学校建设智能化

学校建设的智能化主要体现在学校基础设施更新、安保系统更新、资源平台更新和管理平台更新等方面，一般称之为智慧校园建设。在教育部的领导下，中国教育科学研究院未来学校实验室在2016年1月发布《中国未来学校创新计划》，2016年11月发布《中国未来学校白皮书》，组建了"中国未来学习联盟"，并从学习空间、学习方式、课程体系、组织特征四大方面定义了未来学校的特征，规划了实现未来学校的八大中心建设的路径；教育部学校规划建设发展中心则在2017年10月发布《未来学校研究与实验计划》，提出未来学校六大基础特征，试图推进理论框架的建构、政策建议的研究和学校建设的探索。未来学校建设不仅要求提升学校管理的软硬件，更要求对学校的课程与教学进行革新，是较深层次的学校智能化建设研究与实践。

2018年4月，教育部发布《教育信息化2.0行动计划》和《中小学数字校园建设规范（试行）》，意味着我国教育变革又往前跨进一步，开启了加快教育现代化、建设教育强国的新征程。

3. 智慧教育

IBM首先根据其首席执行官彭明盛（S. J. Palmisano）提出的"智慧地球"概念衍生出智慧教育概念，并提出五大路标：学生的技术沉浸，个性化、多元化的学习路径，服务型经济的知识技能，系统、文化和资源的全球整合以及教育在21世纪经济中的关键作用。祝智庭教授认为，智慧教育是利用智能化技术构建智能化环境，是教育信息化的新境界。总体来说，智慧教育理念与实践要求变革站在更高位的视角，推动教育的整体转型，改变教育的生态。目前智慧教育的研究方兴未艾，实践相对较少。未来教育计划是目前较有典型性的实践活动，它是由美国Intel公司资助的大型公益性国际合作项目，活动着力"未来教室"建设和"未来教育教师"培训，试图推动信息技术在教育中的应用。此项目给我国教师教育观念和模式的革新带来了有益的启示。

二、近四十年教育改革与实验呈现出四大走向

综合以上研究和实践，可以发现，我国近四十年的教育改革呈现出四大走向：

第一是由知识走向素养，由学科导向转向育人导向，教育的内容扩大到学生发展

的各个方面，核心是由知识传授转向全程育人、综合育人、全面育人。

第二是由实践走向理论，通过"实践、认识、再实践、再认识"这样的过程，推动教育实践创新和教育理论创新的共同发展，让理论的创新发展来自实践的创新发展，同时又在指导实践再创新的过程中受到实践的检验。

第三是由国内走向国际，我国教育在教育质量、教育公平、教育国际化、构建学习型社会等诸多方面与各个国家交流研讨，逐步与国际接轨，并在各个层面进行本土化的借鉴和融合。

第四是由部分走向全面，积极统筹个人利益和集体利益、局部利益和整体利益、当前利益和长远利益，改革从单向突破到整体推进，改革的实践从点延长到线、铺开到面，进入教育的各个领域。

三、近四十年教育改革与实验取得的四大经验

第一是理论与实践相结合。纯粹的理论更新被应用于实践需要长期的浸润，纯粹的实践要取得成效则往往要走弯路，理论与实践结合才能快速推动改革深入发展。

第二是理念与技术相结合。理念的更新是改革得到认可的前提，技术的更新是改革得到落实的前提，改革要取得成功二者缺一不可。

第三是愿景与制度相结合。愿景作为改革的拉力有精神鼓舞的作用，制度作为改革的推力有具体奖惩的作用，愿景动力强，制度具有持续性，二者需相互配合，才能保证改革的长久活力。

第四是内部与外部相结合。教育改革不能完全依靠教育系统内部的变化，更要借助社会发展的势能，包括社会共识的发展、科学技术的发展、经济民生的发展等。教育改革一要审时度势，认清改革的条件；二要善于借力，巩固改革的基础。

四、未来教育改革发展的预判

改革开放以来，随着社会经济的活跃和教育体制机制的进步，教育事业也随之快速发展。一系列的改革和实验正是我国教育不断破解难题、突破困境的生动体现，其广泛的探索和显著的实效举世瞩目。新时代的到来宣告着这些改革的阶段性成功，同时也给教育事业的发展提出了新的命题。

在新时代的新形势和新要求之下，教育事业的战略地位不断提升，组织保障不断加强，教育改革的环境日益优化；但随着教育改革逐步进入深水区，改革中出现的问题更加综合、更加复杂，可参考的案例越来越少，可借鉴的经验越来越少，改革面临的挑战迫切需要学校自主探索、内涵发展，从实践中凝聚新的共识，归纳新的经验，形成新的话语。

针对这一现实，教育改革未来发展大致还需要实现四个"进一步"：

一是进一步明确教育理念。信息技术在教育领域的艰难融入已经证明，单纯依靠技术推动教育革命的时代结束了。新技术的应用必然要以教育理念的变革作为前提。而新的教育理念要成为社会共识、教师通识，教育改革的实效才能逐渐显现。

二是进一步清晰课程教学逻辑。课程教学是学校教育的核心竞争力，在不断探索的过程中，内容和形式百花齐放，其本质和初心就更需要辨认和坚守，改革不可更改的基本逻辑就更需要澄清。

三是进一步完善学校行动框架。教育改革的重心逐渐下沉和前移，学校已成为改革的主体，其在改革中的主动性逐渐觉醒，操作性却仍待加强，学校如何科学地推进创新，是改革中的重要问题。

四是进一步优化学校改革结构。学校改革的研究和实践不仅需要从教育学视角思考，同时也需要从组织学、管理学视角系统思考，学校以何种姿态面对改革，通过理念的重构推动内外机制体制的调整，是实践不可回避的关键问题。

这四个"进一步"不仅指向教育改革行为方式的改变，更要求我们更新思维方式，改造我们的质量观。打破片面质量的局限，追求更全面的品质发展，迫在眉睫。

第 2 问

新时代教育改革的困境和发展要求是什么?

新时代,我国经济社会发展在取得历史性成就的基础上,进入发展新常态。党的十九大报告明确提出:"中国特色社会主义进入新时代,我国社会主要矛盾已经转化为人民日益增长的美好生活需要和不平衡不充分的发展之间的矛盾。"在这一社会经济发展"从量的发展"向"质的发展"转变的关键期,随着社会物质财富的日益丰富,人们对公平正义的诉求日渐增强。

党的十九大以来,我们在"中国梦"的共同愿景下走入了新的时代,党和国家对教育、文化、科技越来越重视,教育更是成为各项工作的重中之重。进入新时代,我国教育事业发展的根本矛盾在于社会日益增长的教育需求与公共教育供给不平衡、不充分的矛盾。党的十九大报告明确提出:"努力让每个孩子都能享有公平而有质量的教育。"也就是说,现在中国教育的主要矛盾已经从过去的有没有学上,转变为能否上好学了。《中共中央关于制定国民经济和社会发展第十四个五年规划和二〇三五年远景目标的建议》明确提出要"建设高质量教育体系",给新时代教育发展提出了新的命题。落实有质量的教育公平发展目标,需要学校提升品质,实现内涵发展。党的十九大以来,党中央、国务院陆续推出重要文件,从"有学上"到"上好学",从"大起来"到"强起来",办好"人民满意的教育",既是国家战略的必然要求,更是每一所学校改革发展的历史使命。

一、新时代教育改革的现实困境

第一,学校品质发展整体乏力。当前,学校改革仍然遇到诸多困境,整体面临着建设品位和质量不高的现实问题：一是部分校长的办学格局不够、定位不准，缺少成体系的办学理念。二是校际不均衡问题突出，办学水平良莠不齐。三是不少学校改革不系统，办学理念难以落实到课程体系和课堂教学中，无法实现整体改革与转型。四是不少学校改革持续性不强，短期、阶段性的改革太多，从未来、全球、全人的角度对学校发展问题的思考不够。五是学校改革往往单打独斗，兼顾多方利益不够，更不能带动家长、社区、社会、教育生态的融合，难以实现多方共赢。学校品质理解与品质追求错位，需要整体性教育改革实践来引导学校根据教育规律形成先进理念，把握国家大政方针，贯彻落实党的十九大精神和习总书记提出的办新时代中国特色社会主义教育的思想，帮助每个学校找准办学定位，实现全域品质发展。

第二，学段融合与学校特色难以兼顾。当前学校教育与实践改革，多各自为政。一方面，幼儿园、小学、中学等各学段学校多基于自我点位进行探索，缺乏在共同愿景导向下的跨学段学校融合改革实践。另一方面，《中国教育改革和发展纲要》要求各级各类学校在达到国家规定的有关标准的基础上办出各自的特色，但在具体教育改革实践中，许多学校建设"共性"与"个性"追求失衡，同质化现象严重。

第三，学校品质提升难以兼顾不同区域。中国幅员辽阔，城乡、区域、学校之间的教育发展水平差距较大。如何针对各区域特点整体规划，从"点位发展"走向"区域结构性发展"，是实现教育公平的关键。以四川为例，区域、学校之间教育改革与提质水平并不平衡，两极分化的情况较为明显。一些地区和学校锐意改革攻坚，真抓实干，成效斐然。而一些地区、学校则步调缓慢甚至原地踏步，更有少数学校转向回头。如何针对四川教育改革经验散而不聚和多而不精的问题，尝试抱团聚力、组合研究的模式，集中突破四川教育发展的瓶颈，营造四川教育良好生态，推动国家教育方针和四川教育部署的落地，推动有效成果从个性经验走向共性知识，讲好四川故事，贡献四川经验，是新时代条件下四川教育发展的新挑战。

二、新时代教育改革的发展要求

（一）提高质量是教育改革发展的核心任务

历经近四十年，教育改革发展已经走出以各级各类教育规模扩张和机会增长为核心的历史时期，进入了一个以质量保障和提升为核心的新阶段。党的十九大作出"让每个孩子享有公平而有质量的教育"的重大部署,《中共中央关于制定国民经济和社会发展第十四个五年规划和二〇三五年远景目标的建议》明确提出要"建设高质量教育体系",为我国未来教育改革发展指明了方向。现在和未来,不管是在基层学校层面,还是各级党委政府乃至国家层面,都必须把教育事业放在优先位置,加快教育现代化,以提升质量为突破口。提高和保障教育质量一直是世界主要国家和地区特别是发达国家和地区教育改革最为突出的主题。实际上,就教育质量这一主题而言,我们甚至可以追溯到20世纪60年代的世界教育改革大潮。可以说,教育质量问题一直是世界各国在教育改革和发展过程中都特别关注的一个重要而永恒的主题,变化的是不同时代的人们对"教育质量"的内涵及其与其他教育问题之间关系的理解和认识。教育质量的内涵特性和认证标准是什么?教育质量的概念从管理学或工程学中借鉴而来,但它的概念在教育学理论体系中没有明确的定义,尚需在未来的改革发展中完善和创新。

(二)高品质发展是未来教育改革的方向

日本质量管理学者狩野纪昭教授认为,质量具有三个层次:基本质量、线性质量和魅力质量。根据这一分类,为实现基本质量进行的活动被称为质量控制,为实现线性质量进行的活动被称为质量管理,为实现魅力质量进行的活动被称为质量创造。由此可见,质量是一个逐渐发展与攀升的过程;在不同的节点,质量会发生新的飞跃与突破。改革开放以来,我们用了将近四十年保障教育的基本质量,满足"有学可上";国家推进"新课改"以来发展的是线性质量,在完成达标建设的基础上办出特色;当前和未来我们要创造魅力质量,提升学校品质,实现高品质发展。我们认为,教育的质量提升是一个漫长的系统工程,从第一个阶段到第二阶段,再到第三阶段,各种形式的教育改革不是完全的对立关系,各阶段不是完全割裂的,教育改革是叠加升级与融合创新的过程。

2014年教育部颁布《义务教育学校管理标准(试行)》,2017年教育部出台修订后的《义务教育学校管理标准》,目的是"为了每一个孩子,办好每一所学校",其核心就是提升质量,通过《义务教育学校管理标准》的落地生根,实现由质量控制到质量管理的变革,继而要实现质量管理到质量创造的飞越。2018年1月20日,中共中央、国务院发布《关于全面深化新时代教师队伍建设改革的意见》,明确提出:"面向全体中小学校长,加大培训力度,提升校长办学治校能力,打造高品质学校。""高品质学校"被确定为"国家目标"。未来教育的改革发展要基于质量,创造品质。高品质是一个地区、一所学校教育发展水平最直接的实力体现。以高品质教育为目标,创建高品质学校,成为面向未来的教育改革发展的关键问题。高品质教育,既可以被视为建设高品质学校的目标方向,又可以成为其策略方法,更是检验标准。

(三) 实现人的高品质发展是教育改革的目标

具体而言,教育品质包含三个特征。一是教育品质把人作为主体,研究人的主体性问题。教育品质不是把人当作客体,从某一侧面进行研究,而是从整体上把人当作教育活动主体,研究人作为教育实践主体、认识主体、价值主体及其主体地位、主体能力和主体作用等问题,了解人的主体性是如何获得、怎样发展,又是怎样表现和确证的等一系列问题。二是教育品质侧重于过程导向,而非结果导向。教育品质更关注"怎样培养人""培养怎样的人"的问题,通过了解人发展的方式和方向,研究教育过程的品质。三是教育品质关注"人"的需求和个性发展的和谐统一。"人"的需求是对人的社会性而言的,教育品质从人类社会未来发展的角度,关注未来社会中的"人"赖以生存所需要具备的能力和素养;个性发展是对人的独特性而言的,它是一个人在思想、性格、品质、意志、情感、态度等方面不同于其他人的特质,是个人内在潜力的张扬。教育品质关注二者的和谐统一。

第二章
学理的探求

第 3 问

高品质学校的内涵特征是什么？

高品质学校是高品位、高质量的学校，是能够坚持党的教育方针，遵循教育规律，营造最适合师生发展的教育情境，实现师生全面而有个性发展的学校。高品质学校建设不是优中选优，不是标高示范，不是给名校贴金，而是通过共同愿景的描绘，引领学校的自我革新，使每一所学校的改革发展最终促成整个教育生态的逐步优化，使每一个学生的健康成长最终表现为整个区域教育质量的显著提升。

一、高品质学校包含品位与质量两个方面

（一）学校要有品位

学校办学应以"符合规律"为基本理念，既遵循教育规律，又遵循人的成长规律，既遵循学校管理的规律，又遵循组织发展的规律，在多种规律的共同作用下，全面推进素质教育。

学校改革应以"顶天立地"为基本方向："顶天"，与时俱进，不折不扣落实国家系列重大教育改革措施；"立地"，因地制宜，立足自身实际培养人才。

（二）学校要有质量

学校育人应以"文化浸润"为路径，在文化建设的高度上完善顶层设计，系统性地创新人才培养模式，结构性推进育人方式变革，落实立德树人，推进"五育"并举。

学校教学应以"全面发展"为目标，实现师生全面发展，彰显师生个性特长，强化学校特色建设，满足社会实际需求，以更加平衡、更加充分的发展满足人民对更好

的教育的期待。

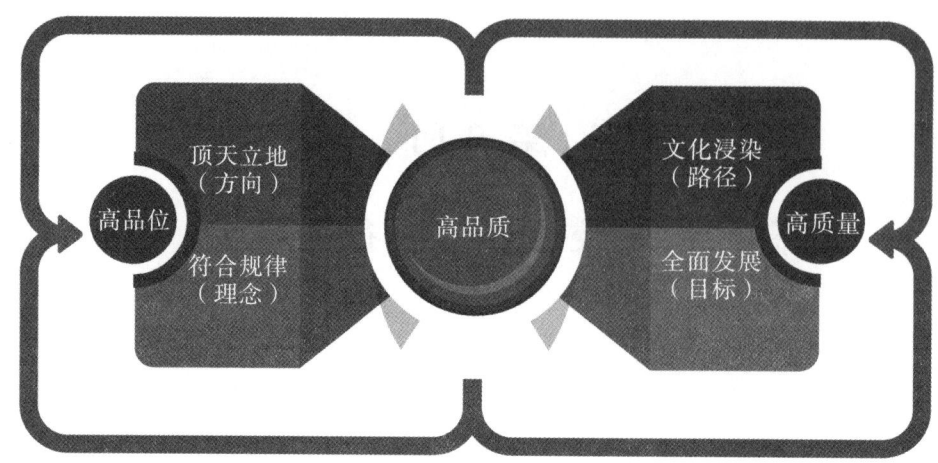

图1 高品质学校的内涵特征

二、高品质学校是既有高品位又有高质量的学校

（一）高品质学校首先是高品位的学校

品位是指人对事物分辨与鉴赏的能力。简而言之，说一个人在某件事上有很高的品位，就是说他"懂行"，知道什么最有价值，知道自己应该做什么。

对于学校而言，品位指的是学校办学行为符合教育规律和政策法规的程度。高品位的学校，就是懂教育的学校，就是遵循规律办学的学校，就是真正能够把"立德树人"作为根本任务的学校；而不是片面追求升学率的学校，不是盲目跟风从众的学校，不是高喊口号而滥竽充数的学校。

（二）高品质学校也是高质量的学校

《质量管理体系：基础和术语（GB/T19000－2008/ISO9000：2005）》中，"质量"定义为"一组固有特性满足要求的程度"，即是说一个事物有没有用、好不好用。

学校的质量指的是学校办学成效满足学生成长需求和社会发展需求的程度。学校作为一种社会组织，其核心功能就是培育人才。高质量的学校，就是发挥了作用，实现了功能，高质量地培育出了人才的学校。高质量地培育出人才，一是人才质量高，能实现自我价值，满足社会发展的需要；二是培育过程的质量高，科学有序，低负高效，"五育"并举。

（三）高品质学校是品位和质量都高的学校

高品位是高品质学校的前提条件。学校没有高品位，就谈不上做教育，更谈不上做好教育，就不可能有好的质量。好的质量是高品质学校的基本条件。学校没有高质量，高品位不能转化为效益，理念不能转化为产出，高品位也就失去了意义。因此，高品位和高质量对学校来说，都很重要。高品质学校是二者兼有的学校，不可偏废。

陶行知先生曾指出："我们常见的教育家有三种。一种是政客的教育家，他只会运动，把持，说官话；一种是书生的教育家，他只会读书，教书，做文章；一种是经验的教育家，他只会盲行，盲动，闷起头来，办……办……办。"其中，"政客的教育家"说得出"官话"，是有品位的，但是"只会运动、把持"，不能践行，没有质量，因而办学没有品质；"经验的教育家"有行动，能办学，但却是"盲行、盲动"，没有品位，因而同样没有品质；"书生的教育家"虽然能"教书、做文章"，能在教学中做出贡献，但没有站到教育的大视野下思考教育，不能参与到办学的实践中，既失去了品位，也谈不上质量，也就不能直接推动学校走向高品质。

二者兼有是基础，高品质还要求二者的程度都高。品位不高的学校，缺乏教育的意蕴，只是一味地强调应试做得好，就沦为了传递知识的工厂；质量不高的学校，缺乏教育的实效，只是一味地鼓吹理念，描绘梦想，就变成了摆着书本的教堂。只有品位和质量都高，才是学校真正该有的样子，才能真正肩负起历史使命，培养出能担当民族复兴大任的时代新人。

高品质是针对"片面的高质量"提出的一种学校全面发展的价值观。学校品质是质量、内涵、文化、特色、信誉度的集合体。高品质包含高品位和高质量两个方面，这二者不是简单的叠加，而是相互促进、相互融合的变量关系。

高品位指的是学校对办学的理解认识和顶层设计高度符合国家教育方针和教育政策的导向，高度符合现代教育科学的主流理念和基本规律。品位低的学校在现实中会出现规划模糊、跟风盲动、只关注优生、片面追求分数等问题。

高质量指的是学校育人的行为方式和具体实践高度吻合学校师生的生存方式和发展需求，高度吻合社会和学校自身对其改革发展的要求。质量低的学校在现实中会出现负担过重、效能不显、士气低落、发展停滞等问题。

三、高品位和高质量构成高品质内涵的层次结构

由于学校体系高度结构性依存的现实，学校品质始终提升不了，主要就是结构性原因，突出表现在办学各要素的结构关系失衡，内在问题在于学校改革缺乏新理念，无法推动学校整体性结构改革，无法实现学校品位和质量的和谐共生，无法达成育人效果从"五育"并举走向"五育"融合。

高品质学校发展的核心理念，就是以结构性改革破解学校发展的结构性矛盾。事实上，结构性改革是学校适应新形势的主动选择。北京大学附属中学改革经验中的一个关键点就是"坚持做结构化改革"。袁振国教授也主张"学校教育需要进行一场结构性变革"。以结构性改革激发发展新动力，是落地、落细、落实新时代国家系列教育改革重大决策部署的重点与难点。

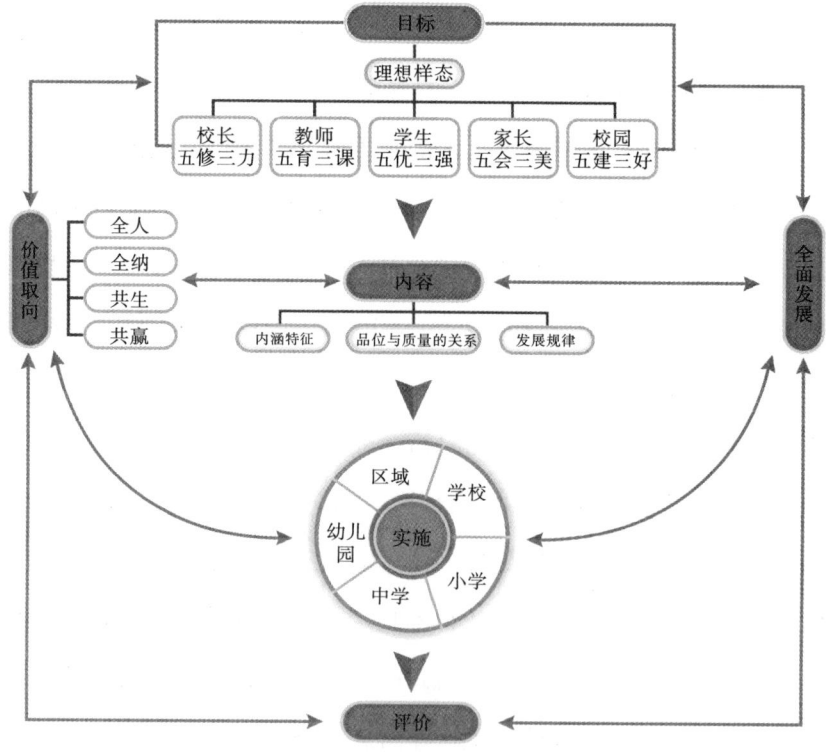

图 2　高品质学校建设框架图

从线性改革转向结构性改革，是新时代学校发展的逻辑起点，学校应以结构性思维进行顶层设计，全面推进改革，指向办学各要素的融合共生。"共生"才是改革发展

的关键点，才是学校可持续发展的动力源泉。同样，高品质学校建设的成效应体现为育人效果的高品质。"立德树人"、"五育"并举是学校教好每个孩子的出发点和立足点，表现在孩子的发展上，德智体美劳"五育"并举仅仅是基础素质。一个分数高的人并不一定是优秀，甚至高分低能。从"五育"并举走向"五育"融入，各种素养能够融会贯通、融合共生，这才是高品质学校培养的人才。

学校高品质建设是办学品位与质量和谐共生的发展历程，学校高品质样态是办学品位与质量提升过程与结果的和谐共生，人的高品质发展是各种知识和能力的和谐共生与有效运用。所以，学校改革要坚持五大发展新理念，坚持和谐共生理念，强化高品质愿景导向和完整框架意识的结构性改革，注重自身实际，彰显时代特色。

第 4 问

高品质学校的品位和质量是什么关系？

学校品位和质量是品质的两个方面。学校的品位指的是学校办学行为符合教育规律和政策法规的程度，学校的质量指的是学校办学成果满足学生成长需求和社会发展需求的程度。而教育规律和政策法规又分别体现了学生成长的规律和社会发展的诉求，因而，学校品位和质量其实是围绕教育这个主题展开的两个方面。

同时，"行为符合……的程度"和"成果满足……的程度"是从我们观察和评价的视角来看的，其本质还在现象的背后。其中，品位的本质是学校主体对教育的认识，质量的本质是学校主体对教育的实践。学校的品位和质量实质是学校主体对教育问题的认识和实践的表现形式。

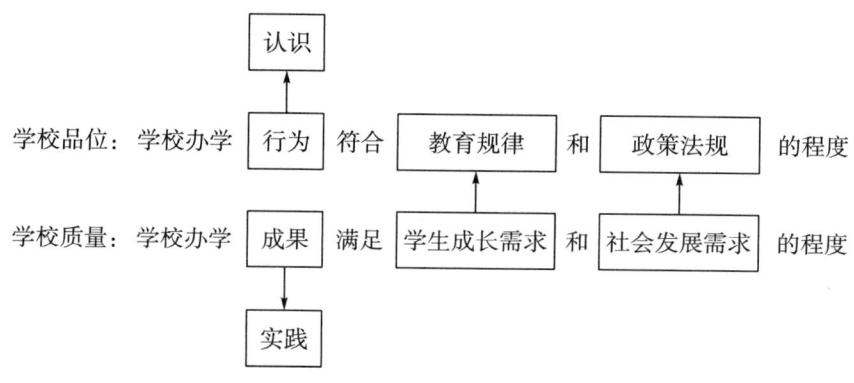

图 3　学校品位和学校质量概念关系

突破线性思维，品位和质量的关系可以表达为"品质＝品位×质量"这个乘法公式。品质体现的不是量变的相加关系，是相互作用的质变结果。品位和质量相互作用，辩证统一,且二者的交替发展构成了学校发展的主要矛盾。这个公式主要有四种性质。

S(品位)×Y(质量)=?(品质)

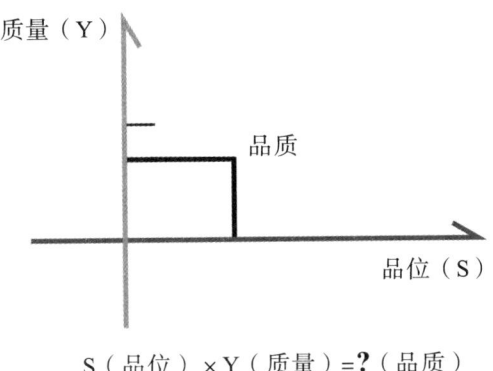

S(品位)×Y(质量)=?(品质)

图 4　学校品位和学校质量的表达式

第一,在线性的累加关系中,A+B=C,C 包含一个完整的 A 和一个完整的 B,因而只是量变的关系;但在相乘关系中,品质的结果同时受到品位和质量的值的影响,品位和质量都无法直接体现在品质结果中,品质体现的是品位和质量相互作用的质变的结果。所以,品位和质量的变动,带来的不一定只是品质的增加或减少,往往是品质的升级或降级。

第二,品位反映认识的情况,越广博和深刻,值越大,取值不受限制(具体的取值范围应依据实际的调研情况确定);质量反映实践的情况,实践是对认识的转化,取值应参考 1。品位是被乘数,是基础变量。总体看来,品质反映的是学校发展品位的实现程度,品位是品质发展的决定性因素。质量小于 1 表示认识未能完全转化为实践;质量等于 1 表示认识已经完全转化为实践;质量大于 1 表示实践中对未知领域进行了有效的探索,从而拓宽了认识。如学校处于改革期,往往发展较快,是由于实践中有较多的探索,质量大于 1,实现了品质的飞跃。

第三,品位和质量的取值均可能为零。品位为零表示对此问题一无所知,质量为零表示对此问题完全没有采取行动。品位和质量任一为零,则品质为零。如有的学校盲目跟随热点,做了无用功,有的学校空喊口号,不能落实,其品质均为零。

第四,品位和质量的取值均可能为负数。品位为负数表示认识违反基本规律或政策法规,质量为负数表示实践违背了认识的原意。品位和质量任一为负,则品质为负。

例如，在片面追求升学率的"负品位"下，有的学校劝退学生，篡改数据，事情做得越多，越是对正常招考秩序的践踏；又如国家明令禁止节假日补课，有的学校顶风作案，造成了"负质量"，侵害了师生的正常权益。另外，当品位和质量均为负，则品质为正。比如，学校根据错误认识做出的决定，教师能够自觉抵制或者修正，学校的发展就不会遭受严重的破坏。

　　根据这一公式，学校的发展首先要树立高品位。正如哲学家叔本华所说：人人都把自己视野的极限，当作世界的边界。品位是我们质量的极限，高的品位才能创造大的上升空间。其次，学校要在工作中狠抓落实，提升转化的效率，努力实现知行合一。最后，探索和创新是我们拓宽视野、提升品位的最佳策略，学校要鼓励创新，鼓励多点突破。

第 5 问

高品质学校的价值取向是什么？

高品质学校以深层生态思想为指引，有四个方面的价值取向，即"全人、全纳、共生、共赢"。"全人"和"全纳"对应学校的品质追求，体现着教育教学改革的先进理念；"共生"和"共赢"对应学校的质量标高，体现着学校组织变革的发展路径与目标。

"两全两共"形成办学主张内在的逻辑结构，高品质的内涵与主张构成新时代学校改革发展的愿景导向和框架结构。

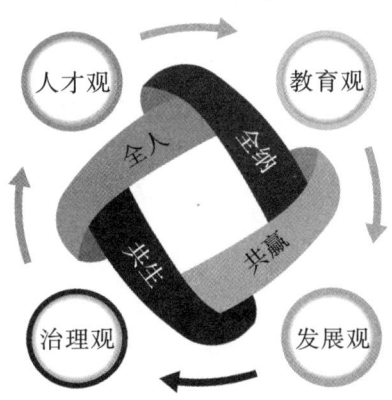

图 5　高品质学校的价值取向

全人即树立全面的人才观，培养全人的个人模样。全人把师生看作完整的人，使"教育回归本质，提高人的生命质量和价值"。学校要坚持全人理念，必须在传递知识技能的同时，注意涵养人格、启迪智慧、关怀生命，为师生的自我实现、终身学习和未来发展创造空间。

全纳即树立全面的教育观，办好每一所学校，教好每一个学生，培养全纳的群体模样。高品质学校建设不是标高示范，不是给名校和优生贴金。新时代的教育事业是指向均衡和充分的民生事业，任何学校都应有建成高品质学校的机会，任何学生都应有得到高品质教育的机会。

共生即树立全面的治理观，学校各办学要素融合共生，学校形成可持续发展的动力机制。学校在高品质建设中，要把握好教育改革与学校建设的关系，把握好宏观要求与自身条件的关系，把握好传承经验与创新路径的关系，把握好对标先进和自主开拓的关系，把握好品位追求与质量效率的关系；也要把握好办学各要素间的协同关系，把握好学校各部门的合作关系，把握好各学段之间的融通关系；等等。

共赢即树立全面的发展观，高品质学校改革带动学校其他改革品质发展，推动家庭、社区、社会的品质发展。通过办学行为的优化实现学生、教师、学校、家庭、社区乃至社会的共同发展，实现学校的社会功能最大化，构建以学校为中心的区域学习共同体。学校在高品质建设中，要拓宽视野，解放思想，开放办学，吸纳各方优势，并以办学成果回馈各界的支持。

全人、全纳、共生、共赢四大价值取向是从不同角度对高品质学校理念的阐释，四大价值取向之间形成互相影响、互相促进的结构。结构是改革的关键点，高品质学校建设是全面的结构性改革，不仅要从顶层设计办学的"小结构"，既有道、又有术，整体推动学校改革与转型，还要放在社会发展的"大结构"中办学。

第 6 问

高品质学校的发展规律是什么？

马克思主义实践观认为，实践是认识的来源，是认识发展的根本动力，是检验认识正确与否的唯一标准。实践与认识是辩证统一的关系，实践决定认识，认识对实践有巨大的反作用。正确的科学的认识促进实践的发展，错误的认识阻碍实践的发展。认识要随着实践的发展而不断进步。

对应到教育，我们根据教育实践总结出教育规律，制定出教育政策法规，用以规定实践，在实践中接受检验，并根据实践进行修正。而具体到学校发展来说，就像没有哪个人的经验全都是从实践中来一样，学校的办学和教育教学也是首先在已有的教育规律和政策法规指导之下开展，然后再根据实践不断形成独特的认识。因而，我们认为，学校的品位和质量是认识和实践的关系，其发展是从较低的品位出发，指导质量的落实，再根据提高质量过程中的问题，反思认识，提高品位，不断实现自我提升的过程。

一、高品质学校发展 DNA：螺旋上升

根据认识和实践辩证统一的理论，我们发现，每当品位得到提升的时候，学校固有的行为方式就不再适应新的理念，质量的落实就受到挑战；而每当质量提升到一定程度的时候，就会面临发展的瓶颈，需要新的理念来破局。这就构成了高品位和较落后的质量模式、高质量和较落后的品位水平两种学校发展情形的基本矛盾。这两对矛盾的交替出现和解决推动着学校的持续发展，而品位和质量的双线螺旋上升也就形成了学校发展的 DNA。

对基本矛盾的把握,是我们形成深刻洞察的基本认知策略,也是我们理清事物来龙去脉、预测事物未来趋势的基本依据。在学校的发展中,如果能够记录学校品位和质量的发展轨迹,形成问题和解决方案的历史档案,就能够更清晰地认识学校成长的过去,更准确地判断学校发展的未来。

二、高品质学校发展的六大核心要素

学校建设是一个复杂的系统,涉及多种要素。这些要素主要需解决学校办学和教育教学两个大的问题。根据品质的视角来看,所有的要素可以分为品位的要素和质量的要素两个方面,其中品位要素回答"应该是什么样"的问题,质量要素回答"应该怎样做到"的问题。从这两个角度来看,产生了四个问题,也就形成四个最重要的要素。见表1。

表1　学校建设重点要素

问题维度	应该是什么样	应该怎样做到
学校办学	理念(办什么样的学校)	管理(怎样办学校)
教育教学	课程(培养什么样的人)	教学(怎样培养人)

同时,我们也要看到,从品位走向质量,再由质量反哺品位,这个上升的过程不是自然形成的,还需要发现问题和探索创新这两个环节,相对应可以发现,学校建设中另外两个重要的要素是评价和教研。

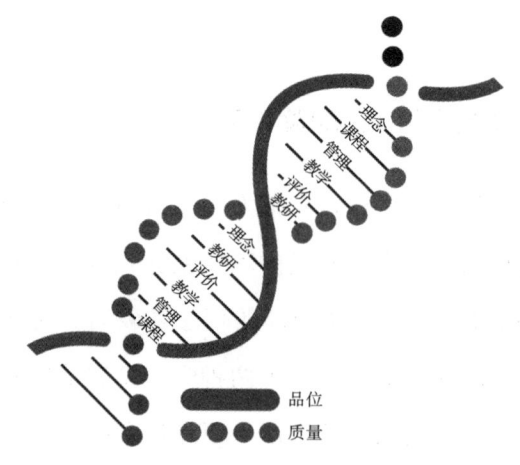

图6　品位与质量双螺旋结构

从品质的视角，重新审视这六个要素，也要注意其内涵和外延。理念体系建设包括学校发展的理念体系、学校整体的文化氛围、学校环境的育人功能等；课程体系建设包括校本的培养目标设定、课程内容选择、课程方案设计等；管理体系建设包括学校的决策管理、队伍管理、常规管理等；教学体系建设包括教师的教学设计、学生的学习体验、师生的教学互动等；评价体系建设包括学生的综合评价、教学的质量监测、管理的社会监督等；教研体系建设包括学校发展规划、教师专业发展、课程教学优化等。

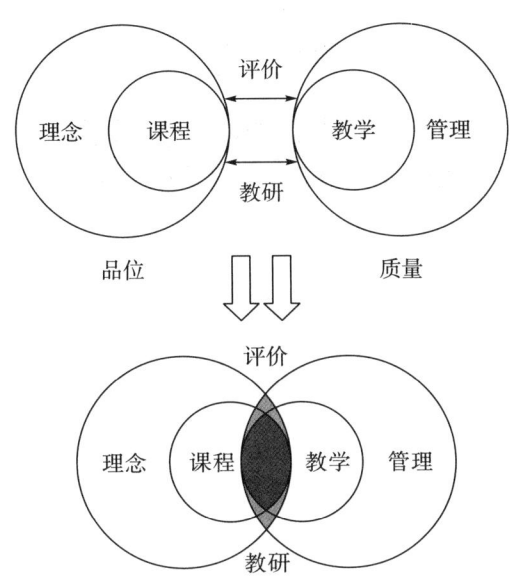

图 7　高品质学校建设六大要素横切关系图

六大要素中，一方面，理念和课程共同构成了学校的品位水平，管理和教学共同构成了学校的质量水平，评价体系是品位和质量之间的转化机制，教研能力是品位和质量之间的转化动力。另一方面，学校的发展总体是由理念品位和管理质量的矛盾转化推动的，而教育教学作为学校的核心竞争力，其发展是由课程品位和教学质量的矛盾转化推动的。

第三章
蓝图的描绘

第 7 问

高品质学校的理想样态是怎样的？

高品质学校以"全人、全纳、共生、共赢"为办学主张，具体体现在学校办学行为和教育教学过程之中，理想的目标是实现校长、教师、校园、家长、学生五个方面的结构性的高品质，以"五修三力"的校长为起点，以"五育三课"的教师为主体，以"五建三好"的校园为承载，以"五会三美"的家长为动力，以"五优三强"的学生为目标，整体推动学校各方面改革。

图 8　高品质学校的理想样态

第 8 问

"五修三力"的校长指什么？

校长是履行学校领导与管理工作职责的专业人员，校长在学校建设中具有举足轻重的特殊作用。陶行知先生曾经说过："校长是一个学校的灵魂。学校的好坏和校长最有关系，一个好学校必定有一个好校长。"著名教育家苏霍姆林斯基也认为，"一个好校长，就是一所好学校"。校长的专业素养直接关系到学校办学水平和教育品质，学校的品质往往集中体现在校长的品质上。

2015 年 2 月 16 日，为贯彻落实教育规划纲要和《国务院关于加强教师队伍建设的意见》的工作要求，教育部制定印发了《普通高中校长专业标准》《中等职业学校校长专业标准》《幼儿园园长专业标准》三个文件。2018 年 3 月 22 日，教育部等五部门印发的《教师教育振兴行动计划（2018—2022 年）》要求"实施中小学名师名校长领航工程，培养造就一批具有较大社会影响力、能够在基础教育领域发挥示范引领作用的领军人才"。2018 年 1 月 20 日，中共中央、国务院在《关于全面深化新时代教师队伍建设改革的意见》中提出，要"加强中小学校长队伍建设，努力造就一支政治过硬、品德高尚、业务精湛、治校有方的校长队伍"。这充分说明了党和政府对校长这一专业岗位的高度重视，体现了特别要求。

《普通高中校长专业标准》指出，校长应具备以德为先、育人为本、引领发展、能力为重、终身学习五大办学理念，提出了规划学校发展、营造育人文化、领导课程教学、引领教师成长、优化内部管理、调适外部环境六大专业要求，并细化为六十条专业标准。《中等职业学校校长专业标准》《幼儿园园长专业标准》对校（园）长的专业标准要求大致相同。本课题组认为，校长是学校改革发展的第一责任人，建设一支高品质的校长队伍是建成一批高品质学校的首要条件。作为高品质学校的领航人，校长要加强"五修三力"（即愿景、信念、心智、学术、情感五项修炼和领导力、凝聚力、发展力三种能力的修炼）。"五修"为修炼内容，而"三力"为修炼结果，即通过"五修"而形成"三力"。

图9 "五修三力"的校长

一、以"五修"为指向，五指发力

优秀校长的成长是一个过程，除了教育主管部门的关心和培养外，关键在于校长主动的自我发展。校长的自我修炼需从愿景、信念、心智、学术、情感五个领域入手，这五个领域如同人的五指，如能五指协同发力和默契配合，则校长就能治校有方，以办好一所学校来成就美好教育。

（一）愿景：以美好教育奠基美好生活

愿景具有方向性、动力性、导正性的长程作用，校长应以宏大、高尚、可行的愿景来引领自己的学习、生活和工作。

1. 教育是立国的根本

陶行知在《整个的校长》中深情地说道："做一个学校的校长，谈何容易！说得小些，他关系千百人的学业前途；说得大些，他关系国家与学术之兴衰。"陶行知的人生志向经历了"医药治国""文学救国""政治救国"和"教育救国"的不同阶段，其思想根源就在于他"为中国做出一番事业"的理想,而要改造社会就得靠教育。陶行知很早就有浓厚的教育情怀,在他就读金陵大学时,就在毕业典礼上宣读论文《共和精义》,虽以政治为题,但处处指向教育。他的教育思想不是为了"小众"而是为了"大众";不是教育要适应社会,而是"教育要改造社会"。他对教育的坚守,对民众的关怀,对名利的排斥,对权威的蔑视,都是源于灵魂深处的教育情怀——"我要使全体中国人都有受教育的机会"。针对张伯苓所指出的中国存在的"愚、弱、贫、私、散"的时弊,有识之士亦怀着如陶行知般"教育救国"的愿景,开展了诸多教育实践探索。如张伯苓、严修创办南开系列学校,狠抓体育教育;陈鹤琴则从幼儿教育入手,开展活教育实验;梁漱溟把眼光投向广大的乡村,开展乡村教育运动;晏阳初深入平民大众,开展平民教育。之所以选择教育来救亡图存,无疑是因为他们都看到了教育的巨大社会功能和使命,都认同"教育是立国的根本"的价值观。

面对竞争日益激烈的国际环境,唯有国民具备较强综合素质特别是创新创造的能力,才能确保一个国家和民族的生存、发展和强盛。教育作为培养人的事业,对提升人民的综合素质和实现人的全面发展具有重要作用。因此,教育在现代化建设中具有基础性、先导性、全局性地位和作用,是民族振兴、社会进步的重要基石,可谓国之大计、党之大计。校长作为教育的中坚和骨干力量,应该把"为党育人、为国育才"的教育信仰深怀心间,为民族复兴梦想和国家现代化提供坚实而充足的人才支撑。

2. 人民吁求美好教育

人民热爱生活,期盼有更好的教育。人民对美好生活的向往,就是中国共产党人的奋斗目标。以美好教育来满足人民对美好生活的向往,就是全体教育人的工作目标。在教育上要坚守人民至上的价值立场,坚持以人民为中心办教育,不断满足人民群众对更好的教育的期待和向往,增强人民的教育获得感。通过"发展更加公平更有质量的教育",让人民获得发展自身、奉献社会、造福人民的能力,进而反哺社会,促进社会和谐和国家发展。高品质学校本身就是以更加平衡、更加充分、更有质量的教育来满足人民对美好生活的需求。

教育作为民生之基,关涉千家万户,惠及子孙万代,但人民对更好、更公平教育的需要和教育不平衡、不充分的发展现实问题还是我国当前教育领域必须着力解决的主要矛盾。教育发展还不均衡,存在着区域、城乡和学校之间的巨大差异,还有立德树人学校体系建构、"五育"并举的落地、核心素养培育的提升、师德师风建设的提升等校内发展问题亟待解决,特别是让老百姓深感切肤之痛的择校热、负担重、压力大等问题还很突出。这些现实状况都呼吁具有教育家的视野、胸怀和韧劲的校长来带领学校走向高品质发展,为高质量教育体系的建设贡献自己的力量。

3. 教育家办学的使命

"造就一批教育家,倡导教育家办学",是《国家中长期教育改革和发展规划纲要(2010—2020年)》提出的要求。2018年发布的《中共中央国务院关于全面深化新时代教师队伍建设改革的意见》也指出,要"支持教师和校长大胆探索,创新教育思想、教育模式、教育方法,形成教学特色和办学风格,营造教育家脱颖而出的制度环境"。2019年6月发布的《中共中央国务院关于深化教育教学改革全面提高义务教育质量的意见》强调,"倡导教育家办学,支持校长大胆实践,创新教育理念、教育模式、教育方法,营造教育家脱颖而出的制度环境"。显然,造就一批教育家,倡导教育家办学,已经上升为一种国家意志和国家行为,在新时代将让更多的中小学校长走上教育家办学之路。

"在教师手里操着幼年人的命运,便是操着民族和人类的命运"(陶行知),所以当好校长,实现"教育家办学",以办好一所学校来推进教育发展,不仅关乎国家和民族的强盛,还关乎学生和家长的幸福。由懂教育的人来办教育,教育才能办得更好,校长要积极响应"教育家办学"的时代呼唤,在思想与情怀、理论与实践等方面主动加强自身修炼,不断提升自我素养,在办学实践中出成果、出思想、出人才,成为引领新时代教育的教育家,这应该是每一位校长的愿景与使命。

(二)信念:教育是养育人的生命事业

信念是人们在一定的认识基础上确立的对某种思想或事物坚信不疑并身体力行的心理态度和精神状态。教育是养育人的生命事业,具有生命属性。尊重生命价值、敬畏生命意义,遵循生命规律、发展生命力量就应该是高品质学校校长的教育信念。

1. 教育具有生命属性

教育是由人来实施,指向人的生命发展的事业,它是人类所特有的一项社会实践活动。人是教育的核心,也是教育的起点与归宿。学生作为"有血有肉的人",在学校接受教育的目的不是简单地寻求分数和名次，而是为了获得生命成长。诚如鲁洁教授所言："教育的真谛与要义在于使人获得属人的生命，去取得人的身份和资格，要使人成为人。"因此，叶澜教授呼吁教育要"把'人的培育'而不是'知识的传递'看作是教育的终极目标"。由此可见，教育具有生命属性，应该充分尊重生命的尊严与价值，依据和遵循生命的个性特点和发展规律来展开实践活动。

2. 办学应有生命立场

李政涛教授提到，"以生命作为教育学的基础性核心性概念，以生命作为教育现象的切入口"。教育的生命属性决定了校长办学必须秉持生命立场，否则就会远离"高品质学校建设"这个目标。高品质学校秉持"全人、全纳、共生、共赢"的基本主张，既强调"顶天立地"和尊重规律，又强调文化浸润和全面发展，要求在遵循教育规律和成长规律基础上全面推进素质教育，实现学生全面而有个性的发展，这本身就是生命立场的体现与追求。校长要特别突出"全人"理念，把师生看作完整的人，使"教育回归本质，提高人的生命质量和价值"，在传递知识技能的同时，注意涵养人格、启迪智慧、关怀生命，为师生的自我实现、终身学习和未来发展创造空间。

（三）心智：遵循教育规律的知行合一

所谓"心智"，是指人的各项思维能力的总和，它能指导人的感受、观察、理解、判断、选择、记忆、想象、假设、推理等思维活动，进而指导其行为，在日常生活中常用"心智模式"一词。校长的心智模式将影响乃至决定学校的管理模式、决策方式、人际氛围、课程开发等质量和样态。

1. 合目的性

高品质学校建设始终坚持立德树人根本任务和"五育"并举教育方针，以"办好每一所学校，教好每一个学生"为初心和使命，以此来回应"培养什么人、怎样培养人、为谁培养人"的根本问题。校长要牢记"为党育人，为国育才"，结合学校办学历史和办学特色，把"培养德智体美劳全面发展的社会主义建设者和接班人"的教育目标具体化为本校的办学追求和培养目标，并以此为发展动力和决策圭臬，去组织教育教学行为和制定学校发展规划。校长要经常性反思和追问两个问题：是否符合预设目的？是否有助于实现预设目的？以此来评估和校正办学行为。

2. 合规律性

高品质学校建设不但要合目的性，即"做正确的事"，还要合规律性，即"正确地做事"。教育活动作为一种专业性实践，只有遵循教育规律，才能达成教育目的，否则就会南辕北辙。校长要自觉遵循教育的基本规律，例如教育与社会政治、经济、科技、文化等协同发展规律，学生身心协同发展规律，办学条件协同发展规律等，同时还要遵循人的成长规律，如生命成长的发展性、可能性、阶段性、复杂性等，两者互为依托、相互依存，不可偏废。只有这样，校长才能在手段与目的、过程与效果的辩证逻辑中把握平衡，以返璞归真的方式指向学生生命的整全与完满成长。

3. 知行合一

陶行知着重强调要将理论与实践充分结合起来，防止只做不说，也防止只说不做，要知行合一做真教育。他批评了两类教育家：一是"书生的教育家"，只会读书教书；二是"经验的教育家"，只会盲行盲动。陶行知的生活教育理论，就是为解决当时教育中内容过时陈旧、不符合学生生活实际、不切合学生思想认识、不能很好地为学生的将来生活服务的问题而提出的。当下有些校长把精力放在参加各种学术会议、讲座报告、提升培训、树立个人的教育思想等，而疏于学校的内部管理。教育思想，不是用来写文章的标签或对外宣传的口号，而是理性思辨、情感认同和实践体悟等综合而成的思想。致力于高品质学校建设的校长，要外在呈现与内在践行相结合，防止"说得漂亮，做得差劲"的虚假现象、"说一套，做一套"的人格分裂。

（四）学术：以学而不厌实现诲人不倦

鲁洁教授认为："学术研究的过程就是一种不断地自我修炼的过程，使自己能够不断地得到升华，否则真的不会有什么高度，只能做一些技术性的东西。"高品质学校的校长要有强烈的学术研究欲望和扎实的学术修养功底，让自己能站得高、看得远。

1. 培训阅读并进的泛在学习

陶行知认为，唯有教师学而不厌，才能做到诲人不倦，他强调终身学习的重要性，曾说："出世便是破蒙，进棺材才算毕业。"校长要实现"有扎实学识"的要求，就要有泛在学习和终身学习的自觉和劲头，不断增长自己的学识。一是主动参加培训，不要把教育主管部门组织的上岗培训和提高培训当作任务和负担。二是向书本学习，勤于阅读经典教育著作、专业教育报刊，以及人文社科类、管理艺术类和人物传记类书籍。三是向专家学者学习，向周围同僚学习。校长的好学，不但能促进自我成长，还能带动和促进学习型校园和书香校园的形成。

2. 输出输入融合的教育写作

"输出即输入"是教师培训中的重要手段，也是校长自我提升的重要方式。有的校长注重阅读，但忽略写作，其实写作是另外一种形式的阅读。校长在教育写作、讲话发言、报告讲座、评课议课等"输出"过程中，必然有"不知怎样说""怎样说得更好"的困惑和追求，自然而然就会倒逼自己去收集资料、查阅文献，这就是"输入"了。同时，输出的过程中，校长必然涉及升华灵感、提炼实践、内化认知、辩证扬弃等自我建构的历程，这本身就是教育智慧的沉淀与创生过程。陶行知最初提出的是"教学合一"主张，但他总觉得缺了一点什么，在南开大学演讲时，受张伯苓的启发，他将其完善为"教学做合一"的主张。教育上的"输入"与"输出"相融合，可以让"只可意会，不可言传"的教育知识显性化、条理化。

3. 基于教育现场的自我反思

校长的灵感来自何处？校长从哪里寻找着力点？唯有在教育现场，而非办公室、会议室等场地。基于教育现场的自我反思，具有情境性、即时性、实践性、理念性等特点，校长在教育现场可以真切地体验教育的复杂性与灵动性，真切地发现和解决教育现场中的问题，真切地收集来自一线的鲜活经验案例和做法。教育现场，不仅仅是教学楼、运动场、实验室等师生物理活动的地方，还包括微信群、QQ群等互联网空间。在教育人眼里，无处不教育，生活所在就是教育所在。校长要多记录教育现场的点滴，在听课札记、学校会议、教师发言、学校微信群、校园活动中，有心的教育人都可以体现创意解读、积累素材、发现问题等教育智慧。

（五）情感：爱满天下去做整个的校长

高品质学校是有人味、有温度的学校，实施的是"人在场"的教育。爱造就了人，爱是人之为人的根本特性，是人类最深沉、最具价值的情感。高品质学校校长要以教育爱的情感全身心投入到学校教育中，带领有爱心的教师去培育有爱心的学生。

1. 爱满天下做到无差别

生命具有尊严性和平等性，人人都有接受美好教育的需求和权利。脱贫攻坚要求"一个都不能少"，美好教育路上也是如此。高品质学校建设强调"全纳"理念，就是要求树立全面的教育观，不但要"办好每一所学校"，还要"教好每一个学生"，培养全纳的群体模样。任何学校都应有建成高品质学校的机会，任何学生都应有得到高品质教育的机会，这就是公平、平等、博爱的"爱满天下"精神。校长要倡导"仁爱之心"，在学校形成"不放弃任何一个学生""关爱每一个孩子"的师德文化，杜绝歧视学困生、贫困生、特质生（包括心理异常和身体特质等）的现象。对于义务教育阶段的就近入学、划片招生、微机排位、杜绝与培训机构勾连、不得考试或变相考试招生、取消特长生招生、不得公布考试名次等政策，要坚决执行。

2. 行教育爱来以爱育爱

学校教育中的爱不同于普遍意义的爱或者其他社会关系中的爱，如亲情爱、友情爱、爱情爱等，它具有教育的规定性和实践性，应当被称为教育爱。教育爱不仅仅源于情感使然和道德感召，更是综合素养和实践智慧的体现。教育爱具有爱的一般属性，更体现着教育特质。教育爱存在于教育实践中，必须遵循教育性原则，即遵循合目的性、合规律性和合伦理性原则，这是教育爱的本质属性。只有如此，教育爱才能实现陶行知所言的"真教育是心心相印的活动，唯有从心里发出来的，才能达到人的心灵深处"。这就不难解释，为什么教师们会有"我明明对他好，为什么他不接受"的困惑。当然，教育爱的目的不单单是提高教育效果，更重要的是以爱育爱，培养具有大爱精神，把爱己与爱人相结合，进而上升为爱祖国，能"担当民族复兴大任的时代新人"。

3. 全身心做整个的校长

现在的校长，特别是优质学校的校长，受到的诱惑很多：社会交往、娱乐生活、家庭生活等。陶行知先生要求校长要做"整个的校长"，而不要做"命分式校长"。他说："国家把整个的学校交给你，要你用整个的心去做整个的校长。"这要求校长们要认清和把握自己的事业追求和教育情怀，排除外界的干扰和名利的诱惑，避免把"校长"这个职位作为社会交往和谋取个人利益的工具。校长要时时警告自己，不要成为

"社会活动家"，不当"甩手掌柜"校长，不当"拿遥控器的校长"。校长要把自己的生命融入学校生命之中，学校的生命变长了，变得更有价值了，校长自己的生命也变长了，变得更有价值了。校长要以校为家、以生为子，全身心投入到学校发展和学生成长中，做到殚精竭虑、勤勉务实、锐意进取。

二、以"三力"为成果，三力鼎足

校长是学校的"代言人"，是学校的"形象大使"。每每提及蔡元培先生，大家就会不由自主地想到北京大学，同理有梅贻琦之于清华大学、张伯苓之于南开大学等。发展是硬道理，校长要以领导力、凝聚力、发展力等关键能力来促进学校高品质建设，才能不负众望，赢得民心。

（一）领导力：领头羊开路

某种程度上说，校长是学校的"官"，必须按陶行知先生所说的"当官为办事"，起好领头羊的作用，当好"领导"。校长关键能力的首要一项就是领导力，其体现为校长在遵守教育法规和遵循教育规律的前提下，能带领全校教职工绘制好学校的发展规划蓝图，并齐心协力、智慧坚韧地去把蓝图变为现实。

1. 遵守教育法规

教育是关涉千家万户福祉、社会和谐和国家发展的民生事业，是社会事业的重要组成部分。教育法规能调整教育教学活动和教育行政活动中的各种法律关系，对学校办学具有规范功能、标准功能、预示功能、强制功能等，是学校确保办学性质、办学方向和办学质量的重要依据。高品质学校建设倡导学校要有品位，既能"顶天"，又能"立地"，其中"顶天"就是指不折不扣落实国家系列重大教育改革措施，依法办学，依规办学。校长要增强法规意识，在法规框架下组织教育教学活动，不打"擦边球"，杜绝"闯红灯"，不碰"高压线"。有的"法盲"校长，心存侥幸心理，借口为学校好而违规招生，借口为教师好而瞒报个税，借口为学生好而违规补课，这些行为都是非常危险的。

2. 遵循教育规律

遵循教育规律，这本是教育人的基本常识。然而，在自身功利追求的驱动和外部教育焦虑的影响下，学校教育出现了诸多有违教育规律的事。例如，借学制改革行掐尖招生之实，为提高升学成绩而压缩非中高考科目的课时，罔顾学生的个性差异和兴趣特长而采用"一刀切"的管理模式和教学标准，怕学生陷入早恋而禁止男女生交往，等等，这早已是"公开的秘密"。作为高品质学校校长，一方面要遵循教育规律，照章办事，循规办学；另一方面面对外部诱惑和压力要有辨识力、抵御力和定力。守住教育常识其本质就是遵循教育规律，所以李政涛教授强调"常规是基础，是根底"。当然，遵循教育规律，也要求校长面对名利时能坚守办学初心、坚守教育良知。校长在办学过程中，时常要追问"是否符合教育规律""如何更好地符合教育规律"等。

3. 制定发展规划

"不谋万世者，不足谋一时，不谋全局者，不足谋一域"，学校发展规划决定了学校发展模式，也考验着校长的办学能力。学校发展必须处理好局部与全局、眼前与长远的关系，才能协调发展、持续发展。高品质学校校长要有"千里眼"，看得更全面、更长远，以科学、系统、协调、务实的发展规划来绘就愿景、凝聚人心、激发动力和导正行为。校长领衔制定发展规划时，一方面要明晓和跟紧国家改革和发展大势，应时而动，顺势而为；另一方面要立足本校实际，如学校历史、文化、师资、生源、环境等现实条件，切忌好高骛远。制定发展规划的过程，本身就是统一思想、提升能力、锻炼队伍的过程。规划制定，不是由校长一个人拍脑袋而定，而是需要充分听取专家意见，充分调动学校骨干教师和干部的聪明才智，群策群力，共绘蓝图。制定学校发展规划，要全面统筹、系统规划、整体设计、分步实施，紧紧抓住高品质学校建设的理念、课程、管理、教学、评价和教研六大核心要素，既要回答"期待是什么样"，又要回答"应该怎样做到"。

（二）凝聚力：当家人暖心

高品质学校校长是"当家人"，是"定盘星"，如同一块磁石，把大家紧紧地凝聚在一起，拧成一股绳，构建成为发展共同体和命运共同体。这就需要校长从思想上引领人，从情感上凝聚人，从行动上予人示范。

1. 思想上引领

苏霍姆林斯基说："学校领导首先是教育思想的领导，其次才是行政领导。"校长要善于把自己的教育思想转化为教职员工的教育信条和行为准则，才能起到凝聚与导向的作用。"思想通则工作顺"，校长的教育思想再科学、再先进，但教职员工不理解、不认同、不支持，就会导致校长的教育思想落空。高品质学校校长切忌以学术头衔、荣誉称号和职务权威而简单要求教职员工做这做那，而要做好思想铺垫和思想疏导工作。1926年，陶行知在中华教育改进社开展工作时，特约四所乡村学校开联合研究会，讨论、草拟和通过了十八条信条，形成了著名的《我们的信条》一文。李希贵校长素以长于"改革"著称，但他担任北京十一学校校长之初，并没有急着"新官上任三把火"，推出改革措施，而是花了大量时间，组织全校教职工讨论制定《北京十一学校行动纲领》和《北京十一学校章程》。因此，高品质学校建设特别强调校长要善于做教职员工的思想工作。

2. 情感上凝聚

人是情感的动物，对尊重、归属、认同、理解等的情感性需求是人的基本需求。"有人味"是高品质学校在情感维度上的标志。高品质学校是有人味的温情学校，高品质学校校长是懂得打好"情感牌"的高情商管理者。梅贻琦担任清华大学校长时常说："校长的任务就是给教授搬搬椅子端端茶。"这其实就是表达他对教授们的尊重情感和服务意识。"船的力量在帆上，人的力量在心上"，校长要有"人心工程"，追求人心求齐、人心向上、人心相通。一是要关心教职工生活所需，做好协助子女就读就业工作，开展好教师社团活动，慰问关怀贫困教职工等工会工作。二是要深入教职工教育教学活动，展开专业对话和指导，搭建教职工专业发展舞台，促进教职工专业发展。三是要建设和谐温馨的人际关系，包括纵向的干群关系和横向的同事关系。"人心工程"，尊重是前提，真诚是基础，沟通是关键，互助是目的，切忌虚情假意、小肚鸡肠、猜疑妒忌。

3. 行动上示范

"火车跑得快，全靠车头带"，最好的领导就是把要求垂范给下属。校长的率先垂范与身体力行，是对教职员工的最强感召。这里的"行动上示范"，不是简单的带头上课，早晨在校门口迎接师生，深入到课堂听评课，深入教研活动等（这些属于"勤政"的表现）。高品质学校校长的"行动上示范"，主要指校长的外在行为表现和他口头上的号召、要求、规范、表态等实质上是一致的，侧重言行一致、表里如一、知行合一等含义。例如，有的校长要求教师上课要认真备课，结果自己组织开会却不备会，信口开河；要求教师不要迟到不要拖堂，结果学校开会总不能按时开始或老是要延时；要求教师上课言简意赅、突出重点、思路清晰，结果自己讲话东拉西扯、颠三倒四。类似的行为，轻则会大大降低校长的权威，有损校长个人形象，重则降低学校管理品质和力量，实在不可小觑。当然，校长在党风廉政、师德师风、勤政亲民、爱校爱生、敬业奉献、德行修养、学术修为等方面的示范和引领尤为重要，这是校长的任职之基、为政之要。

（三）发展力：教育家治校

国家提出"教育家办学"，并着手培养一批教育家型校长，其本意是专业的事让专业的人去管去做。教育是涉及面广、专业性强的事业，因此国家对教师，包括校长实行专业资格证管理制度。高品质学校建设要求校长要以教育家的专业水准带领学校走向高品质发展。

1. 党建治校把方向

《国务院办公厅关于新时代推进普通高中育人方式改革的指导意见》明确指出："要加强普通高中学校党组织建设，发挥党组织把方向、管大局、保落实的领导作用。"高品质学校建设把"坚持党的教育方针"作为首要标准和核心追求，把"不折不扣落实国家系列重大教育改革措施"作为行动准则，以高质量学校发展来促进高质量教育体系的建构，进而实现教育强国的追求。中小学校加强基层党组织建设，不仅仅是以党建治校来把握社会主义办学方向，还有以党建育人来培养好社会主义建设者和接班人的内在需求。中国共产党的建党宗旨、信仰追求、发展历史、治国思想、工作方法等本身就蕴含丰富的教育价值、意蕴和素材，是一本鲜活而生动的教科书。《四川省义务教育高品质学校评审标准》拟定的20个评估指标中，第一条就是"党建指引"，第二条是"方针贯彻"，由此可见对党建工作的重视。高品质学校要克服党建工作中"重业务，轻党建""重形式，轻实效""重教师，轻学生"等问题，强化"党建＋"意识，把党建治校和党建育人融入学校教育教学各个环节，从而以党建为引领，重构和再造学校育人模式，实现学校党建与学校教育相辅相成，融为一体。

2. 民主办学兴民智

学校是"学校人"的学校，而非校长的学校。只有"学校人"的主人翁意识得到充分的激发，主动积极地参与到学校管理和发展中来，高品质学校建设才有实现的可能。高品质学校首先应"向内"，注重通过民主办学来把教职工由"教育人"转化为"学校人"，建构"学校合伙人"的共同体，把教职工个人智慧集聚为集体智慧，把个人愿景凝聚为团队愿景，既实现学校的自主管理，又实现学校的自主发展。民主办学，既体现为"校务公开"，更体现为"民主决策"。特别应通过校务委员会、学术委员会、教代会等民主决策和监督机构来将大学的"教授治校"转化为中小学的"骨干教师治校"，充分尊重教职工的民主决策权、校务参与权、校情知晓权等。民主办学还要"向下"，俯下身子听取家长和学生的意见，特别是在食堂管理、课程设置、校服招标、研学旅行、自主管理等活动中，要充分发挥家长委员会、学生会、学生议事会等组织的作用。民主办学还要"向外"，校长要建立学校的"教育智库"，主动延请教育专家、知名校友、社会名流、法律人士等担任学校的办学顾问或指导专家，获得教育信息，寻得教育咨询，为学校发展保驾护航和出谋划策。

3. 培养人才聚力量

教师是学校发展的第一生产力和第一资源，一支高品质的教师队伍是建设一所高品质学校的核心力量。校长对高品质学校建设的重大贡献主要体现在文化建设和人才培养两方面，这是学校发展的两大翅膀。识人、育人和用人是校长的基本功，其水平高低决定了校长的能力高低，也决定了学校的优劣。校长要有"名师经纪人"和"名师开发商"的意识，立足校内培育而非依赖引进。校长要建立和优化教师激励和评价机制，构建学校荣誉体系和学术体系，实行梯队化培养体系，注重个别指导，拓展培养渠道和平台，实行基于教育现场的校本教研策略，从而建立起校本化人才培养体系。在抓好新进教师、后进教师、问题教师的"托底"基础上，特别抓好名师、教研组长、年级组长、中层干部等骨干，发挥好"关键20%"的示范引领、核心堡垒作用。在人才培养中，要高举"师德＋能力＋业绩"旗帜，把师德师风放在首位，实现一票否决制。通过经验分享会、教育思想研讨会、优质课赛课、治班策略展评、项目负责制、课题研究团队等多维度、立体性的手段和渠道，创设人人出彩、个个有光的实现价值的实践平台和展示舞台。

4. 建设课程强根基

课程是学校实现教育目的的重要载体，是学校办学思想和育人模式的直接表现，是学生多元成长的蓝图，是教师个性发展的舞台，因而是高品质学校建设的核心内容，课程领导力是高品质学校校长的关键能力。高品质学校建设要解决当下学校课程建设中存在的"重形式轻实效""重开发轻实施""重学校轻教师""重校内轻校外"等问题。高品质学校在课程建设中应注重对三级课程体系进行整体性建构和校本化开发，形成校本化课程体系，即既做好国家课程校本化，又做好校本课程精品化，形成学校课程的双螺旋结构 DNA 模型。高品质学校课程建设，不但应开发出丰富性、层次性、时代性的课程门类，还应逐步形成选科走班、模块走班、选课走班等多种走班课程实施样态，以及长短课时制等。高品质学校应注重课程的实施主阵地——课堂，聚焦课程课堂狠抓学校教育教学质量。校长要把课堂作为核心素养培育的"主战场"和"核心地带"，着力课堂变革，提升课堂质量，通过高品质课堂建设奠基高品质学校建设。

5. 诊断评估调步伐

高品质学校建设不是一蹴而就的事，也不是一劳永逸的事，而是动态生成、不断进取的过程。这就需要校长增强诊断评估意识，不断总结经验，不断寻找问题，在主动的扬长避短中，促进学校持续发展。高品质学校课题组在四川省教育厅的领导支持下拟定了《四川省义务教育高品质学校评审标准》，从高品位、高质量两个方面，制定了党建指引、方针贯彻、章程统领、规划达成、民主治理等 20 条二级指标、40 个评审要点。这既是高品质学校建设的评审体系，也是高品质学校建设的实施路径。高品质学校诊断评估应遵循因素分析、诊断评估、提出措施、实施推进的循环往复流程，以改进办学行为，促进学校发展为目的，而非结果导向。"问题不是灾难而是机会，甚至是资源"，诊断评估要找准问题，以问题为导向来改进学校建设，对学校发展问题要杜绝讳疾忌医、麻痹大意、不作为、慢作为等思想。问题可以从国家政策中来、从师生抱怨中来、从同行诊断中来、从总结反思中来、从媒体信息中来，高品质学校校长的问题意识一定要强，要敏锐，要分析是否是真问题，是否是当下应解决的问题，是否是当下能解决的问题等。要反应快，发现问题后要有明确的态度和改进措施。

6. 改革创新增动力

新时代坚持和发展中国特色社会主义，根本动力是全面深化改革，学校发展亦是如此。尽管教育具有延续性，但教育本质是流变的，唯一不变的是变化本身。"苟利于民，不必法古；苟周于事，不必循俗"，学校要发展关键靠改革。一方面，学校要积极响应国家层面的考试招生制度改革、教育管办评分离、建构立德树人体系、推行"五育"并举等教育改革举措，"被动"改革；另一方面，学校要按照高品质学校建设标准，主动对标，追求卓越，解决突出问题和短板，"主动"改革。在改革问题上，要防止"假改革"和"冒进改革"等问题。校长的更替换任是常态，但有的新任校长急于显示自我，"新官上任三把火"，仿佛不提出与前任校长不同的主张和做法，不足以显示自己的水平，于是学校的办学理念、办学追求、办学定位等被推倒重来。也有的校长一看到某个教育理念比较新颖时髦，某个教育主张比较符合自己胃口，就轻率抛弃已有主张，成为教育领域的现代"东施效颦"者。其实，真正有见识、有定力、有胸襟的校长，非常注重对学校原有先进文化和成熟做法的坚守。当然，是否改革应当以能否促进发展和条件是否成熟为准绳，不能因为敬畏历史、尊重前任和传承而裹足不前，缩手缩脚。如果已有文化和做法存在僵化、保守、过时的问题，则必须大胆创新，以创新来促进发展。

总之，人才兴则校兴，高品质学校建设关键在于一流的师资队伍，这个关键中的关键在于拥有教育家型的校长。期待每一位校长以教育家为目标，以"五修三力"为标准、内容和路径，加强自身修养，以自身的成长带动学校的高品质建设。

第 9 问

"五育三课" 的教师指什么？

教育是国之大计、党之大计，教师是立教之本、兴教之源。中共中央、国务院印发的《关于全面深化新时代教师队伍建设改革的意见》指出："教师承担着传播知识、传播思想、传播真理的历史使命，肩负着塑造灵魂、塑造生命、塑造人的时代重任，是教育发展的第一资源，是国家富强、民族振兴、人民幸福的重要基石。"

如何做一名好教师？习近平总书记在 2014 年提出了有理想信念、有道德情操、有扎实学识、有仁爱之心的"四有"好老师标准，以简洁深刻的语言激励引导广大教师以德立身、以德施教，不断提升自己的学识能力和师爱情怀，为每一位教师的成长提供了思想指南。

好教师是学校发展、学生成长的第一资源和关键保障，高品质教师是高品质学校建设的核心力量，同时也是高品质学校的当然样态。何为高品质教师？基于高品质学校的定义、内涵、价值取向和基本主张，课题组认为：高品质教师必须践行德智体美劳"五育"并举，必须躬耕课堂、课程、课题"三课齐驱"，在"'五育'并举、三课齐驱"的行动实践中发展自己、成就自己，进而发展学校、成就学生。

一、"五育"并举及教师样态

（一）"五育"并举的时代要求

党的十八大以来，以"立德树人"为根本任务，发展公平而有质量的教育，实现教育现代化，已经成为教育的时代强音。2018 年全国教育大会上，中共中央总书记习近平提出"培养德智体美劳全面发展的社会主义建设者和接班人"，明确了德智体美劳

"五育"并举的教育方针及其时代要求。

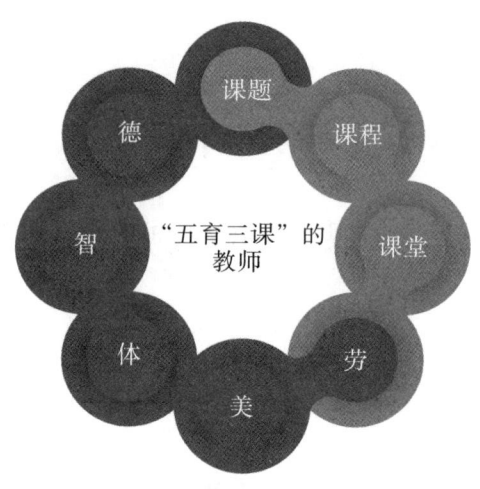

图 10　"五育三课"的教师

坚持"五育"并举，是实现"立德树人"根本任务的必然路径。中共中央、国务院《关于深化教育教学改革全面提高义务教育质量的意见》（以下简称《意见》）已于 2019 年 6 月 23 日颁布，这将是未来较长一段时间内义务教育学校必须遵循的纲领要求。综合分析《意见》提出的坚持立德树人、坚持"五育"并举、强化课堂主阵地作用、建设高素质专业化教师队伍、深化关键领域改革、加强组织领导六条意见不难看出，"五育"并举是实现立德树人的必然路径，是《意见》的核心内容，后四项均为落实"五育"并举、实现立德树人的保障要素。

坚持"五育"并举，是落实素质教育的基本保障。中共中央、国务院《关于深化教育改革全面推进素质教育的决定》已颁布 20 余年，然而"轰轰烈烈素质教育、扎扎实实应试教育"的现象仍没有得到根本改观，其根本问题便是"五育"并举落实不到位，所以《意见》在突出德育实效、提升智育水平、强化体育锻炼、增强美育熏陶、加强劳动教育等方面提出了有针对性的举措，以构建德智体美劳全面培养的教育体系，着力解决素质教育落实不到位的问题。

坚持"五育"并举，是促进学生全面、和谐发展的实践要求。高品质学校一定是以促进人的全面、和谐发展为出发点和归宿点的，高品质学生应该德智体美劳全面和谐发展，具有健全人格。诚然，每个个体不可能"五育"兼优，但高品质学校必须以德为先，必须坚持"五育"并举，为学生的全面、和谐发展提供更优的实践平台，促进其更优发展,这是我们的使命与担当。

(二)"五育"并举的现实偏差

一是德育失"真"。德育脱离实际,脱离学生认知水平,空洞的多,生动的少,口号多,行动少,甚至思想政治理论课教学以灌输和考试为主,学生缺乏亲身参与和体验,忽略了知行统一、情感内化,学生在德育实践中无法有真认知、真感受、真情怀,致使学生没有把道德认知转化为自觉行为,让德育失"真"。

二是智育失"准"。智育也许是当今学校和家长都自认为做得很扎实的,但其实不然,失"准"现象仍然存在。首先是智育目的失"准"。智育的主要目的是在掌握知识过程中发展智力,简单地把智育归结为积累知识,简单地以分数来衡量智育水平,这样的智育是偏颇而低水平的。其次是智育方式失"准"。题海战术、时间战术、满堂灌输、死记硬背、家长作业等,忽略了对课堂效率的关注和对教学方式的改进。最后是智育评价失"准"。学生在智育中体现的水平应该包括学习表现、实践能力、学习能力、学习成绩等,然而现实中的智育评价往往仅限于学习成绩的评价,忽略了学生在智育方面的综合表现,也容易忽略智力水平不足的学生所付出的努力,造成智育评价失"准"。

三是体育失"时"。《中华人民共和国体育法》规定:"对学生在校期间每天用于体育活动的时间给予保证。"《学校体育工作条例》要求中小学校要保证学生每天有一小时体育活动的时间。但这些规定落实得并不乐观,个别学校还存在着挤占体育课现象,大课间体育活动也落实不够。同时,由于广大家长重智思想严重,学生在家的体育锻炼也欠缺。对体育的时间投入如此欠缺,何来的体育实效?何来的体质健康?另外,在如今的学校体育中,还存在着学生运动技能掌握水平低、体育竞技比赛参与面窄等问题,如此怎能实现学生在体育锻炼中享受乐趣、增强体质、健全人格、锤炼意志的育人目的呢?

四是美育失"态"。美育是指培养学生认识美、爱好美和创造美的能力的教育,也称美感教育或审美教育,其根本目的是以美育人、以文化人,提高学生的审美和人文素养。由此,学校的美育样态不能只停留在艺术学科教育层面,不能只停留在开展艺术活动方面,也不能用学生艺术技能的样态来取代其审美和人文素养的样态,而是要充分挖掘每门学科的美育功能,将美育融入学校教育教学全过程,以避免美育的失"态"。

五是劳动教育失"落"。现实中,好逸恶劳、不劳而获的"小皇帝""小公主"层出不穷。在有的学校,学生家长到校代替孩子打扫教室卫生成为常态,学校公区卫生基本上都是校园环卫工的事。不少学校已经没有了劳动课,有些学校虽然开设了劳动课,但常常是纸上谈兵、形同虚设,抑或是劳动课只重视劳动技能的传承,不重视劳动观念、劳动意识的培养,更不要说相关学科对劳动教育的渗透了……当下我国青少年劳动教育已经失"落"得没有了多少踪影,到了令人担忧的地步,已经成为这一代青少年的"致命伤"。

除了"德智体美劳"各自不足之外,"五育"重此轻彼、相互割裂的问题,"五育"中的"育"体现不充分不具体的问题,师资短缺及设备设施不足的问题,也都影响了"五育"并举的具体落实,制约着学生的全面、和谐发展。当然,这些问题的根源还是"人"的问题,是校长及教师的教育观、人才观以及行动实践问题。

(三)"五育"并举的教师样态

《中华人民共和国教师法》第三条指出:"教师是履行教育教学职责的专业人员,承担教书育人,培养社会主义事业建设者和接班人、提高民族素质的使命。教师应当忠诚于人民的教育事业。"

面对"五育"并举的时代要求与现实偏差,高品质学校的教师必须更加明确自己的职责,更加明确自己在"五育"并举中的使命,要在践行"五育"中促进学生全面而有个性地发展。其基本样态为以下"三有"。

1. 有践行"五育"的学科担当

习近平总书记在全国教育大会上特别强调,教师要围绕立德树人的目标来教,学生要围绕这个目标来学,凡是不利于实现这个目标的做法都要坚决改过来。因此,学科教学对学生的功能不应只停留在让学生掌握基础性内容,还应具有丰富和发展学生生命的意义,必须紧紧围绕"立德树人"这个目标。

学科教学不只是智育,也是德育、美育、体育、劳动教育的基本途径。落实立德树人根本任务,最重要的是要以学科知识为载体,培养学生的核心素养,发挥各个学科的育人功能。为此,课题组认为:教师的学科担当必须由"学科教学"走向"学科育人"。

从某种意义上说,学科育人的质量决定学校育人的质量。学科育人的效果决定着学校"五育"并举的效果,也就直接决定着立德树人这一根本任务的实现。高品质学校的教师必须要有践行"五育"的学科担当,这是高品质教师的应有样态。

2. 有践行"五育"的融合意识

李政涛教授指出,当下,从"五育"并举到"五育"融合,已经成为新时代中国教育变革与发展的基本趋势。"五育"融合是在"五育"并举的基础上提出的。"五育"并举强调德智体美劳缺一不可,是对教育的整体性或完整性的倡导,"五育"融合则着重于实践方式或落实方式,致力于在贯通融合中实现"五育"并举。对于学科教师而言,其践行"五育"的根本作为也应该是在"融合"思维的学科育人实践中实现的,因此,高品质学校的教师应有践行"五育"的融合意识。

高品质学校教师践行"五育"融合,既要立足学科特点、科学渗透"五育",也要避免失去学科本质的"五育"简单拼凑和重叠;既要有学科担当,也要避免唯我独尊,挤占其他学科的育人时空;既要有学科整体育人价值追求,还要有个人"五育"修养的潜移默化熏陶,避免师表缺失。只有这样,才能产生整体融合力和系统教育力。

3. 有践行"五育"的修养与能力

"五育"并举是教师应具备的教学新基本功,要求教师将"五育"并举转化为一种教学能力,既要善于在自己的学科领域充分发挥每一堂课、每一个教育活动的综合性效应,也要善于融合利用育人资源,实现基于融合、为了融合和在融合之中的新型教学方式。这种教学新基本功与新型教学方式需要教师相应的个人修养和教学能力来支撑与保障。

"五育"目标指向了个人修养。虽然"五育"的目标指向的是学生及其受教育成效,但为人师表者,一定要有基于"五育"目标指向的个人修养,才能以"师"为"范",增强教育力。一句话,我们要培养德智体美劳全面发展的学生,教师也应努力做到德智体美劳全面发展。为此,在"德"方面的政治觉悟、师德师风,在"智"方面的治学智慧、学识水平,在"体"方面的锻炼习惯、身心健康,在"美"方面的审美情趣、鉴定水平,在"劳"方面的崇尚劳动、认真实践等,都需要教师们不断修炼,这是成为高品质教师的前提和基础。

"五育"目标还指向了学科教学能力。教学能力是指教师在达成教学目标、从事教学活动中表现出的个人能力与水平。课题组认为，教师应有四种基于"五育"学科育人的教学能力，即认识学生的能力、把握教材的能力、组织教学的能力和反馈诊断的能力。也就是说教师在课堂教学中应关注每一个学生的"五育"现状及水平，把握教材的"五育"融合点与科学渗透办法，在组织教学中调动学生的主动性、创造性，及时捕获与诊断课堂反馈的信息，进而不断提升课堂效率和学科育人成效。

二、"三课齐驱"及教师作为

德智体美劳"五育"并举是一种实践样态或行为范式，课堂、课程、课题"三课齐驱"是教师实现"五育"并举的三大阵地，而且在学校高品质发展中这三大阵地缺一不可。

（一）课堂是教师践行"五育"并举的主阵地

课堂是教师工作的主要场所，是教师践行"五育"并举的主要阵地，是师生成长的主要场域，这是无须质疑的事实。《关于深化教育教学改革全面提高义务教育质量的意见》更是明确指出要"强化课堂主阵地作用，切实提高课堂教学质量"，《深化新时代教育评价改革总体方案》在教师评价改革方面也明确要"引导教师上好每一节课、关爱每一个学生"。可见，教师在课堂主阵地中的作为应该是：上好每一节课，关爱每一个学生，提高课堂教学质量。

课题组认为，高品质学校是指高品位、高质量的学校。同理，高品质的课堂是指高品位、高质量的课堂。具体地讲，高品质课堂是以低负高效为品位底色，以"五育"成效为质量追求，以立德树人根本任务为标高的课堂。课题组以"活力"作为高品质课堂建设的关键词，指出教师应该以"生本"为基本教学理念，突出学生主体，坚持教学相长，创新教学方法，激发课堂活力。

（二）课程是教师置身"五育"体系的感应仓

从广义上来讲，课堂其实就是每一个课程现场，课程其实就是一定逻辑顺序的课堂总和。只有课程，没有课堂，育人将是空中楼阁；只有课堂，没有课程，育人只能单打独斗。传统意义上，很多教师认为课程建设是学校和课程专家们的事情，而课堂教学才是教师的事情，进而把自己排除在课程之外单打独斗。教师离开课程这个"感应仓"，其课堂也就迷失了方向，当然也就把自己排除在了高品质教师队列之外。

课题组认为，课程是实现教育目的的重要载体，是培养人的蓝图，学校"五育"并举要真正落到实处，起到实效，必须树立课程意识，构建让"五育"落地的协调和谐的课程体系。同时，教师是课程改革的主要研究者、设计者、实施者和评价者，必须将自己置身于课程建设之中，要在积极参与中感受课程目标、育人载体、实施途径、评价办法等，进而精准把握课堂、整体推进课程，实现育人目标。

（三）课题是教师修炼"五育"能力的实践园

"五育"能力是新时代教师必备的专业能力，是教师专业发展的必要修炼，而课题研究是教师修炼"五育"能力最好的实践园地，是高品质教师成就自己的必然选择。然而，有许多教师要么以为课题研究高不可攀、畏葸不前，要么安于现状、不思进取，要么能力有限、无能为力，结果使自己停步在走向高品质教师的途中。

课题组认为，教师在基于修炼"五育"能力的课题研究实践中，要以价值为导向，研究"五育"的目标，把准育人方向；要以问题为导向，研究"五育"的现实偏差，解决实践问题；要以需求为导向，研究"五育"对象的需求，落实生本理念；要以结果为导向，研究"五育"学科育人效果的差距，完善育人举措。

总之，高品质学校的样态之一是要有践行"五育"并举、躬耕"三课齐驱"的高品质教师队伍。高品质教师要在"三课齐驱"中发展和成就自己，努力提升"五育"的育人水平与能力。

第 10 问

"五优三强"的学生指什么？

学生是学校教育的出发点和归宿，教育的根本任务是立德树人，高品质学校的核心指向是"人"的高品质，其核心样态是高品质的学生。

何为高品质学生？2018年全国教育大会上，中共中央总书记习近平提出"培养德智体美劳全面发展的社会主义建设者和接班人"，明确了德智体美劳"五育"并举的教育方针及其时代要求，特别强调了培养社会主义建设者和接班人的"六个下功夫"，即要在坚定理想信念上下功夫，要在厚植爱国主义情怀上下功夫，要在加强品德修养上下功夫，要在增长知识见识上下功夫，要在培养奋斗精神上下功夫，要在增强综合素质上下功夫。

《深化新时代教育评价改革总体方案》明确要求改革学生评价，促进德智体美劳全面发展。要树立科学成才观念，坚持以德为先、能力为重、全面发展，坚持面向人人、因材施教、知行合一，坚决改变用分数给学生贴标签的做法，创新德智体美劳过程性评价办法，完善综合素质评价体系，切实引导学生坚定理想信念、厚植爱国主义情怀、加强品德修养、增长知识见识、培养奋斗精神、增强综合素质。

为此，课题组认为，高品质的学生应该展现"五优三强"的良好风貌。"五优"指的是学生"品行优善、学业优良、身心优美、情趣优雅、劳动优秀"。"三强"指的是学生"生活素养强、学习能力强、社会意识强"。

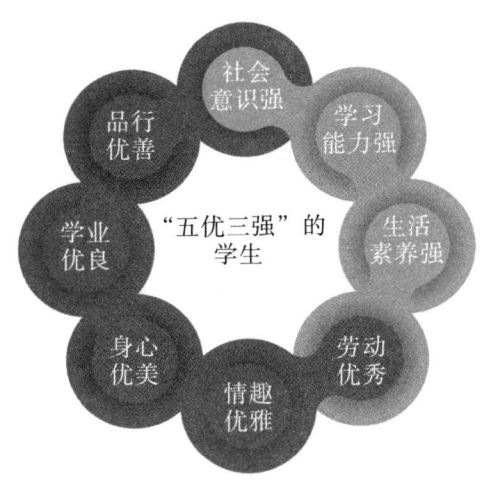

图 11　"五优三强"的学生

一、培育"五优"学生

自 1954 年起，我国开始"三好"学生的评选。然而，这种至高荣誉，在新时代受到多重质疑，中国教育学会原会长顾明远曾在一次学术年会上呼吁停止评选"三好学生"，因为这样会"过早给孩子贴上好学生与坏学生的标签"。2012 年 3 月全国政协会上，多位全国政协委员联名发起了停止评选"三好学生"的提案。教育部发言人回应提案时表示："无论什么奖项，我们的目的是一样的，就是鼓励学生健康发展。'三好'只是一种鼓励形式，无论什么形式，只要面向全体学生，只要符合教育规律，教育部都是鼓励的，都不会干涉学校决定。"同时还表示："这种奖项，也需要随着时代发展不断创新。"

基于"三好"学生的历史意义及争论观点，基于教育方针的时代要求和给学生以"德智体美劳"目标指引的考量，课题组提出品行优善、学业优良、身心优美、情趣优雅、劳动优秀的"五优学生"高品质学生样态，以激励学生积极向上，全面发展。

（一）德——品行优善

习近平总书记 2018 年 5 月 2 日在北京大学师生座谈会上指出，无德不立，育人的根本在于立德。高品质学校学生基于"德"的样态是品行优善，其核心要义为：优在品德判断，善在知行合一。

优在品德判断。道德发展阶段论提出者美国心理学家劳伦斯·科尔伯格分析了道德教育中一个很普遍的现象：学生知行不一，认为儿童的道德判断普遍存在与其行为不一致的现象，但是，个体道德判断能力的发展水平越高，道德判断与行为的一致性程度就越高。基础教育阶段是人品德发展的启蒙和关键阶段，我们更应该加强理想信念、社会主义核心价值观、社会公德、个人品德等教育，培优学生的品德判断能力，为品德发展奠基。

善在知行合一。明代思想家王守仁提出知行合一，认为知是行之始，行是知之成。中小学生有了不断提高的品德判断能力只是基础，更为关键的是要善言善行、知行合一。高品质学校的样态首先是人的外显样态，特别是学生基于认知的真实外显样态。教育部等六部门印发的《义务教育质量评价指南》在学生发展质量评价的品德发展层面，围绕理想信念、社会责任和行为习惯，提出了明确的考查要点，也是高品质学生必备的品德样态。

（二）智——学业优良

"智"，是长期以来学校及家庭的重要关切点，更是学生必须天天面对的事情。高品质学生基于"智"的样态应该是学业优良，其核心要义为：优在热爱学习，良在课业水平。

优在热爱学习。不是每一位学生都有好的学习成绩，但每一位学生都可以爱上学习。高品质学生在学业上首先应该热爱学习，只有好好学习，才能天天向上。为此，学校、教师及家长应该充分激发并呵护学生的学习兴趣，坚决克服唯分数评价，减轻学生过重的课业负担。要面向每一个学生因材施教，要以发展的眼光看待学生的学习。高品质学生应时时表现出积极的学习态度、学习自信心，课堂学习状态佳，课后学习主动性强。

良在课业水平。课业水平是指学生上课和完成作业所能达到的水平，以及由此升华出的分析问题、解决问题的能力。其包含两层意思：一是作业状况与考试成绩，这是人们通常意义上理解的课业水平；二是分析问题、解决问题的能力，这是学生更需要具备的课业能力。为此，我们应该引导学生掌握有效的学习方法，养成主动学习、专心听讲、积极思考、不懂善问、及时复习和认真完成作业的习惯，训练学生理解学科基本思想和思维方法，掌握学科基本知识、基本技能，进而不断提高作业质量与考试成绩。同时，还应在教学过程中激发学生的好奇心、想象力和求知欲，给学生以充足的自主探究、独立思考、合作学习的时空，不断提升学生发现问题、解决问题的意识与能力。

（三）体——身心优美

高品质学生应该是身体健康、心胸豁达、充满活力、朝气蓬勃的阳光少年，其基于"体"的样态应该是身心优美，其核心要义为：优在身体健康，美在心理素质。

优在身体健康。"身体是革命的本钱"，这是一代伟人毛泽东的名言，指行动的前提条件是必须要有良好的体魄。20世纪80年代兴起的具身认知理论指出，身体在认知与学习中起着关键性作用。学生的生命需要身体来奠基，学习需要身体做保障，未来干事创业更离不开健康的身体。学校应该充分保障学生每天锻炼1小时，开齐、开足、开好体育课，学校、家庭应该携手保证学生充足的睡眠时间，保障健康营养的饮食，加强学生手机和游戏管理，促进每一位学生加强体育锻炼，养成锻炼习惯，不断提高体质健康水平，掌握1~2项体育运动技能。按照相关政策要求，全校体质健康检测优良率必须在2022年达到50%并不断提升，全校学生近视率应该呈递减态势，且每年至少降低0.5%。

美在心理素质。心理素质是在遗传基础上，在教育与环境影响下，经过主体实践训练所形成的性格品质与心理能力的综合体现。心理素质对内制约着主体心理健康状况，对外与其他素质一起共同影响主体的行为表现。如今，中小学生心理健康问题日益突出且呈低龄化倾向，严重影响中小学生的健康成长，甚至在一定程度上成为一个社会问题。学校应该高度重视心理健康教育，营造健康积极、友爱互助的学习生活环境；引导学生保持自尊自信、自立自强，乐观向上、阳光健康的心态；训练学生主动控制调节自我情绪，正确看待挫折，具备应对学习压力、生活困难和寻求帮助的积极心理素质及能力。

（四）美——情趣优雅

美是纯洁道德、丰富精神的重要源泉。高品质学生基于"美"的样态应该是情趣优雅，其核心要义为：优在情智共生，雅在审美趣味。

优在情智共生。《关于全面加强和改进新时代学校美育工作的意见》指出：美育是审美教育、情操教育、心灵教育，也是丰富想象力和培养创新意识的教育，能提升审美素养、陶冶情操、温润心灵、激发创新创造活力。可以看出，美育是可以促进学生情智共生的教育，高品质学生也应该是在美育熏陶下情智共生的人。我们应该加强美育与德育、智育、体育、劳动教育的相互融合，充分挖掘和运用各学科蕴含的心灵美、礼乐美、语言美、行为美、科学美、秩序美、健康美、勤劳美、艺术美等，更好地促进学生情感和智慧的和谐共生。

雅在审美趣味。顾明远编著的《教育大辞典》将审美趣味定义为：人们根据自己的审美观点，对自然界和社会生活的各种现象和事物以及艺术作品的审美价值所表达出的直接的、富有情感的审美评价和所表现出的审美态度。审美趣味主要通过个人主观爱好形式表现出来，从而表现出人们审美选择的倾向性。审美趣味有高低之分、雅俗之别，培养学生良好高雅的审美趣味，是中小学审美教育的重要任务。学校应该为学生参加各种美育实践活动创造条件，训练学生掌握1~2项艺术技能，引导学生经常欣赏文学艺术作品、观看文艺演出、参观艺术展览等，让学生在丰富的美育实践中培育健康高雅的审美趣味，能够在学习和生活中发现美、感受美、欣赏美、表达美。

（五）劳——劳动优秀

近年来，劳动教育被淡化、弱化，一些青少年中出现了不珍惜劳动成果、不想劳动、不会劳动的现象，与社会主义建设者和接班人的培养要求有较大差距。习近平总书记在全国教育大会上明确提出将劳动教育纳入社会主义建设者和接班人的总体要求，指出必须构建大中小学劳动教育体系，全面落实党的教育方针。高品质学生基于"劳"的样态应该是劳动优秀，其核心要义为：优在尊重劳动，秀在积极参与。

优在尊重劳动。劳动教育既要注重"劳动"又要注重"育人"。学校应明确思想认识、情感态度、能力习惯三个方面的劳动教育目标，突出强调劳动教育的思想性；强调理解和形成马克思主义劳动观，牢固树立劳动最光荣、劳动最崇高、劳动最伟大、劳动最美丽的观念；引导学生体会劳动创造美好生活，体认劳动不分贵贱，能吃苦耐劳，热爱劳动，能尊重普通劳动者、珍惜劳动成果。

秀在积极参与。劳动教育不能关在教室中空洞说教，必须有目的、有计划地组织学生参加日常生活劳动、生产劳动和服务性劳动，让学生动手实践、出力流汗，接受锻炼、磨炼意志，培育学生具备满足生存发展需要的基本劳动能力，形成良好的劳动习惯。学生应该积极参加家务劳动、校内劳动、校外劳动，具有一定的生活能力和劳动技能；应该积极参与社会调查、研学实践、志愿服务和公益活动，不断提升服务能力和劳动品质。

二、打好"三强"基础

一种比较普遍的观点认为，基础教育的"基础性"首先指的就是"基础教育要为学生的未来发展或终身发展打基础"。中国教育学会原会长顾明远认为，基础教育应为学生打好身心健康、终身学习和走向社会这三方面的基础，这样学生就有能力成为一个健康、有素质的合格公民。

2016年9月13日，中国学生发展核心素养研究成果发布。中国学生发展核心素养以培养"全面发展的人"为核心，分为文化基础、自主发展、社会参与三个方面，综合表现为人文底蕴、科学精神、学会学习、健康生活、责任担当、实践创新等六大素养。

课题组根据基础教育的基础性，以及中国学生发展核心素养的三个方面，提出生活素养强、学习能力强、社会意识强的"三强"基础，为高品质学生的未来发展奠基，为学生未来的高品质生活奠基。

（一）生活素养强

20世纪70年代，联合国教科文组织发表了里程碑式的教育报告《学会生存》，其中把"学会生活"作为教育的四大支柱之一，对世界各国教育发展产生了深远影响。人生的价值，归根到底取决于其全部生活回报给自己、他人和社会的意义与质量，个体生命成长的本质是生活素养的不断成熟，即逐渐学会并呈现有意义的品质生活，基础教育被天然赋予了生活教育奠基阶段的当然职责。

生活素养是指能推动和促进个体生存和发展的相关的知识、技能、价值观等方面的修养。生活素养在不同的时代有着不同的内容、结构、要求及需求，主要包含生活知识、生活技能、生活价值观三个方面。

生活知识方面的素养是指学生对自身与周围环境相互关系及行为准则的认识，要让学生掌握基本生活常识，知道应该怎么做。

生活技能方面的素养是指学生在促进自身健康发展与环境的适应过程中获取的方法与形成的能力，要让学生在亲身体验与生活实践中，提高基本生活能力，做好自己的事情。

生活价值观方面的素养是指生活理念、态度及其精神面貌，即学生对生活及周围环境变化的积极反应和倾向，对生活基本的正向态度和价值追求以及进行生活活动时所体现的良好的品质。

高品质学生应该掌握基本生活常识和基本生活技能，应该有积极的生活态度与价值观，为未来高品质生活奠好根基、蕴积能量。

（二）学习能力强

学习能力是学生成功地完成学习目的所必需的个性心理特征。学习能力是学生未来发展的核心竞争力，人与人的差距从某种意义上说在很大程度上是学习能力的差距。

学习能力从不同的角度有不同的分类，我们可以从学科学习能力、自主学习能力、终身学习能力三个方面加以关注和培育。

学科学习能力是指学生顺利地完成某种科目的学习应具备的基本能力。每一个学科所需要的基本能力既有差别，也有共性。我们应该围绕学科核心素养的培养来提升学生的学科学习能力。同时也应明白，同一个人长于此，未必长于彼，语文好的不一定数学也好，善于思考的不一定也善于动手操作。因此，应该因材施教，扬长避短，帮助每一个学生更好地发展学科学习能力。

自主学习能力是指学生通过独立分析、探索、实践、质疑、创造等方法实现学习目标的才能，又称自学能力。自主学习不是自由学习，更不是放任自由。教育家陶行知说："先生的责任不在教，而在教学生学。"教师应该有目的地从激发学习兴趣、指引学习方法、体验学习成功、助推合作学习等方面着力，培养和提高学生的自主学习能力。

终身学习能力是学生为适应社会需要和个体发展而贯穿一生的学习才能，是生命精彩的关键能力。我们应该站在为学生终身发展奠基和负责的高度，关注学生终身学习能力的培养。一是要培养学生的阅读习惯与能力，让学生在阅读中学习；二是要培养学生主动发现问题、分析问题和解决问题的能力，使学生具有终身学习的愿望和习惯；三是要培养学生在生活中获取信息、处理信息、利用信息的能力，让学生的学习时时发生，让学习成为学生生命存在的方式。

（三）社会意识强

社会意识是社会生活的精神方面，是社会存在的总体反映。它包括人们的意识形态和风俗习惯、社会心理等。对于学校教育而言，社会意识培育主要是为学生步入社会奠定基础，这个基础的强弱程度决定了学生未来适应社会、融入社会、发展社会的优劣程度。

可以说，学生从走进校园第一天起，就在开始为未来步入社会修炼自我，这种修炼主要是在与自己相处、与他人相处、与集体相处以及家国情怀熏陶中得以实现的。

了解自己，与自己相处。只有充分了解自己的人，才能以平和的心态融入社会，一路向前。如今有一部分中小学生"骄、娇"二气严重，不能正确认识自我，往往心态浮躁。我们必须加以正确的引导，一是引导学生认识自己独特的禀赋和价值，要自尊自信；二是引导学生也要有自知之明，戒骄戒躁；三是引导学生不断反省自己，在自我完善中提升自己。

了解他人，与他人相处。一个不能与他人友好相处的人，步入社会将孤立无援。孤军奋战从来都不会有好结果，而学校生活正好是与他人相处的试金石、练兵场。个别家长将子女留在身边自己教育，子女因此失去了与他人相处的锻炼机会。我们应该引导学生了解他人，学会关爱他人，学会与不同性格的人相处，学会处理与他人的矛盾和纠纷，学会与他人合作。

了解集体，与集体相处。个人与集体是相互依存的。一方面，个人生活在一定的集体中，离不开集体；另一方面，集体是由个人组成的，个人的一言一行都会影响到整个集体的利益和发展。这种集体主义认识与观念，是学生步入社会的认识基础和行动前提。因此，在学校生活特别是班级生活中，要充分抓住各种机会与场合，渗透集体主义教育，让每一位学生融入集体中，为集体荣誉出力，感受集体的力量。

了解国家，熏陶家国情怀。"家国情怀"是一个人对自己国家和人民所表现出来的深情大爱，是对国家富强、人民幸福所展现出来的理想追求。它是对自己国家的高度认同感和归属感、责任感和使命感的体现，是立德修身之本。培育学生的"家国情怀"是立德树人根本任务的首要要求，是教师的职责与使命。我们要加强党史国情教育、中华优秀传统文化教育、革命文化和民族精神教育、社会主义核心价值观教育，培养学生爱党爱国爱社会主义，立志听党话、跟党走，从小树立为实现中华民族伟大复兴的中国梦而努力奋斗的志向与情怀。

第 11 问

"五会三美" 的家长指什么？

家庭是孩子的第一所学校，家长是孩子第一任老师，家庭教育是教育永远的底色，家庭教育和社会教育、学校教育共同组成了国民教育体系。中共中央、国务院《关于深化教育教学改革全面提高义务教育质量的意见》的第 24 条指出："重视家庭教育。加快家庭教育立法，强化监护主体责任。加强社区家长学校、家庭教育指导服务站点建设，为家长提供公益性家庭教育指导服务。充分发挥学校主导作用，密切家校联系。家长要树立科学育儿观念，切实履行家庭教育职责，加强与孩子沟通交流，培养孩子的好思想、好品行、好习惯，理性帮助孩子确定成长目标，克服盲目攀比，防止增加孩子过重课外负担。"这充分说明了家庭教育质量、家长素养高低对学校发展和孩子成长的重要性。尽管未成年人的父母或者其他监护人是实施家庭教育的责任主体，但高品质学校应全面引领育人实践，重视家庭教育的作用，把家长视为教育的"合伙人"，强化学校对家庭教育的指导。高品质学校应发挥好家长委员会作用，共同办好家长学校，增强家校合作育人的力度，引领家长形成"五会三美"的育人素养。"五会"指的是家长的育人素养，包括会陪伴、会合作、会阅读、会锻炼、会激励。"三美"指的是家长的自身素质，重视以身作则和言传身教，以心灵美、语言美、行为美来示范和熏陶孩子。

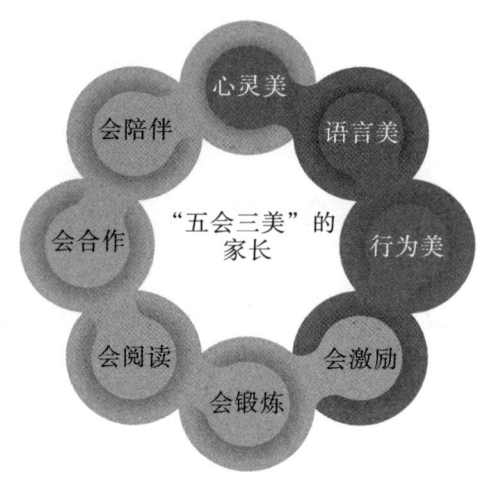

图 12 "五会三美"的家长

一、以"五会"为指向，育子有妙方

家庭教育是以家长为主体的家庭成员有意识地通过自己的言传身教和家庭生活实践，对子女施以一定教育影响的社会活动。托尔斯泰曾说："爱孩子是老母鸡都会做的事，关键是如何教育。"教育是一项专业性较强的实践活动，对教育者的实践智慧要求较高。家长要克服两个认识误区：一是认为自己不懂教育而把对孩子的教育全部推给学校，不履职尽责；二是认为自己懂教育而随心所欲，不钻研学习。家长要对家庭教育和学校教育合理划界，做到会陪伴、会合作、会阅读、会锻炼、会激励，给孩子营造一个温馨和谐、宽松民主、科学合理的家庭氛围。

（一）会陪伴，建好温暖港湾

现实生活中，很多父母以工作忙、自己不会教、孩子学习是孩子自己的事、相信孩子等理由，不愿陪伴孩子。有的家长愿意花钱请家教补课，自己却忙于应酬或娱乐，以为在孩子身上花了钱就是对孩子好，却失去了孩子的心，得不偿失。"留守儿童"不仅仅是农村的现象，其实城市家庭中也有不少。可能家庭是完整的，可能孩子也生活在家长身边，但没有家长的情感陪伴和成长陪伴，这样的孩子无异于"留守儿童"。

父母是孩子成长的摆渡人，家庭是孩子成长的港湾。孩子在成长过程，需要成人的引领，以不迷失方向；需要成人的点拨，以不困惑迷茫；需要成人的陪伴，以不孤单害怕。研究表明，促使孩子在学习能力倾向测试上得高分的，不是智商、社会条件、经济地位，而是"经常与父母一起吃晚饭"。父母的陪伴不但能让孩子在婴幼儿时期打下高智商、高情商的基础，更能因融洽的亲子关系让父母的教育"入脑入心"。"亲其师，信其教"在家庭教育中同样成立，所以"陪伴是最好的教育"。家庭教育专家认为，好的陪伴有两个重要作用，一是可以让孩子在亲情关怀中成长，有助于培养孩子健康的心灵和饱满的情感；二是有利于观察孩子的学习行为以及时给予指导和提醒。有父母的爱和温暖陪伴的孩子，才能跑得更快更远。期望家长们别再用工作忙当借口，别再用金钱物质投入来代替陪伴！孩子要的其实不多，最需要的是父母的爱和陪伴。孩子的成长只有一次，错过就没有机会重来。

高品质学校建设引导家长由"陪伴"走向"会陪伴"。"会陪伴"，要做到以下三点。

首先，以共同成长为取向进行陪伴，形式要真。陪伴，是身体陪伴，更是精神陪伴和情感陪伴，这将决定陪伴的质量。陪伴，首先要身体陪伴，如果家长人都不在孩子身边，谈何陪伴？当然，身体陪伴不是"会陪伴"的必备条件，毕竟有不少的家长由于多种原因，无法时时在孩子身边，如守卫边疆的军人、野外工作人员、长期出差人员、工作与住家两地分离人员等。然而，有的家长是"身在心不在"，表面上在家"陪伴"孩子，但缺乏参与、指导，仅仅是"监督"，这也不利于孩子的发展。有利于促进孩子的发展的陪伴，一定是情感上关怀、精神上激励、方法上指导、行动上参与的陪伴。家长的陪伴，可以是一起玩耍、学习，也可以是"静音"模式。当孩子学习时，家长也可以做自己的事，如阅读、写作、书法练习等，给孩子一个积极向上、高雅生活的样态，起到熏染和示范作用。和孩子一起成长，这是最好的陪伴。

其次，基于发展性为起点进行陪伴，心态要稳。有的家长在陪伴过程中，以成年人的视野和标准看待孩子的行为，会发现孩子到处是毛病，加之自身存在的教育焦虑，导致处处挑剔、时时训斥，结果家长的陪伴变成孩子的梦魇和负担。很多孩子反感家长的陪伴，就是因为家长干预和指责过多。家长要看到孩子是"未成年人"，本身就有很多不足之处，家长要学会包容。家长还要看到，孩子的发展具有阶段性和过程性，家长要克服急于求成的心态，学会控制焦虑，静待花开。家长还要认识到，没有十全十美的孩子，每一个孩子都有所长也有所不足，多看到孩子的亮点和长处，不要随便用"别人家的孩子"去对比自己的孩子。根据霍华德·加德纳的多元智能理论，每一个孩子都有成功的潜能，都有自己的优势智能，教育的要诀在于发现并激发孩子的优势智能。家长要"眼清"，在陪伴中发现孩子的兴趣特长、成长需求、发展不足等，从而寻找家庭教育的着力点。家长还要"眼拙"，敢于忽略一些孩子成长中的"瑕疵"，给孩子一个更宽松的成长环境。

最后，致力专注度为目的进行陪伴，干扰要少。很多家长常常抱怨：孩子花了这么多时间学习，怎么效果还是这么差？根源在于孩子在学习时自制力和专注度较差，"身"在学习，"心"却游离。专注度是认知和智力活动的门户，"哪里有专注度，哪里才会有思考和记忆"。对于学生的学习来说，专注度的好坏与学习质量的高低直接相关。学习的投入，不仅仅是时间的投入，更重要的是注意力的投入。学习的诀窍就在于"不是抓住每一分钟学习，而是抓住学习的每一分钟"。有的父母在孩子学习时，一会儿送水果，一会儿提醒孩子坐姿要端正，一会儿要求孩子书写要工整，使得孩子的思维屡屡被打断，注意力无法持续集中。父母要学会"管住自己的嘴"，不要频频打扰，指出问题、交流想法都应该安排在孩子的闲暇时间。

（二）会合作，扮演成长助手

教育是一个系统性工程，需要教育各方的信任尊重、开放包容、协商合作，建构协同育人的关系。为此，家长要处理好与学校、与爱人、与孩子的关系。

首先，和学校建立教育合伙人关系。信任是教育活动的前提和基础，学生"亲其师信其道"，家长要"亲其校而信其教"。家长和学校之间不是经济关系的业务合作，而是教育关系的事业合作，联结的纽带就是孩子。孩子的成长是学校和家长的共同责任和使命，既然方向一致，利益攸关，就没有什么分歧不可以弥合，没有什么误会不可以化解。家长要克服"我交了钱，你就该教好""我把孩子交给你，你就要管好""学校就是想在学生身上赚钱"等"上帝心态"所带来的错误认识，不能把学校置于对立面。家长要厘清和学校之间的责任边界，不要推卸和抛弃自己的教育责任，错把学校看作"无限责任公司"。家长要认识到教育的复杂性和阶段性，不要把孩子的不足和缺点通通归结于是学校教育的不当。家长要尊重和相信学校教育的专业性，对学校的教育主张和学校文化多一份认同和理解，从而与学校形成教育合力。家长要主动把孩子的生活经历、成长过程、兴趣特点、人际交往、知识基础、身体状况等情况及时、真实地反馈给教师，以便教师增进对孩子的了解，从而因材施教，展开个性化教育。

其次，和爱人建立教育同盟者关系。家庭是孩子的第一所学校，父母各自的教育主张和父母之间的夫妻关系等对孩子的成长非常重要。夫妻之间因为教育理念和教育方法的分歧可能会造成孩子无所适从，甚至人格分裂。由于性别差异，母亲多关注细节，失之于絮絮叨叨，父亲多关注大局，失之于管理粗疏。父母双方的教育均有所长，也有所短，都不要盲目相信自己的教育是对的而轻易指责、否认甚至阻拦对方的教育，特别是当着孩子的面时。这就要求父母之间要多一些心平气和的沟通与协商，敢于解剖和否定自己，并主动补台和相互支持。父母之间的感情状态也非常重要，夫妻情感冷漠，在家争吵不断，乃至造成家庭破灭，对孩子的情感伤害很大。反之，夫妻之间相亲相爱，情感融洽，给孩子提供温馨的家庭氛围和现实的情感示范，有助于孩子对生活充满热爱和乐观自信。

最后，和孩子建立平等首席者关系。父母和孩子之间本质上是一种合作关系，在合作中彼此尊重和接纳，彼此帮助和成长。父母和孩子以"同伴"而非"上下级"的方式相处，更有利于培养孩子的自信心和独立性。父母对孩子的"爱"是一种教育爱，而非溺爱，是以促进孩子独立生长和自立生活为目的的。陶行知曾说："必得会变成小孩子，才配做小孩子的先生。"家长要抛弃成人思维，不以"我走过的桥比你走过的路长，吃的盐比你吃的饭多"而自认为具有天然优势，其实孩子身上蕴涵着巨大的潜能和能量，孩子的学习能力、探究欲望、创新精神并不比成人差。家长要有"儿童立场"，既要尊重孩子生命的独特性，又要基于儿童需求和兴趣爱好去思考孩子的行为举止的合理性。就像教师做"平等中的首席"一样，家长也要学会和孩子平等相处和交流，而不是"指手画脚"地要求孩子做这样做那样。当然，也要防止滑向无原则的放纵，必要的价值干预和行为矫正也是合理的。

（三）会阅读，共游知识海洋

苏霍姆林斯基指出："所有那些有教养、品行端正、值得信赖的年轻人，他们大多出自对书籍有着热忱的爱心的家庭。"朱永新高度重视阅读对人成长的重要性，提出"一个人的精神发育史就是他的阅读史"的精辟观点。高品质学校建设不但要注重建设"书香校园"，还要注重建设"书香家庭"，要求家长重阅读和会阅读，示范和引领孩子共同阅读，共游知识海洋。

首先，独立阅读提升自我修养。陶行知先生曾说："唯有学而不厌的先生才能教出学而不厌的学生。"这句话用在父母身上也是恰当的。家长的自我教育要先行，不要把重心放在如何去教孩子，而忽视自身的自我教育和学习成长。在阅读中，可以汲取人类已有智慧和文化，通过自我观照、反思实践、内化重构等过程，不断积累和沉淀，提升自我文化修养和德行修养。家长除了阅读家庭教育方法和自身工作相关的书籍，还可以阅读人物传记、人文与历史、政治与经济类的书籍，使得自己在指导孩子成长时能"站得高，看得远"。

其次，亲子阅读培养阅读素养。亲子阅读就是以书为媒介，以阅读为纽带的亲子共读。通过亲子阅读，一方面父母与孩子共同学习、一同成长，另一方面为父母创造与孩子沟通的机会。大部分家长注重在孩子低龄时进行亲子阅读，以读故事、讲故事为主，而到小学高年级，特别是初中时就不注重了。他们认为孩子自己会认字念书了，就应该让孩子独立阅读，否则会养成依赖大人的习惯。然而，孩子大了依然需要亲子阅读。孩子能够独立阅读时，父母可以和孩子共读同一本书，然后交流自己的读后感，在交流中父母对孩子进行价值引领、思维训练和习惯培养。在"共读"前，父母和孩子可以事先拟定研究和讨论话题，以增强孩子的研究意识和归纳能力。"读万卷书，行万里路"，阅读并不局限于以书籍为对象，而是广义的"书"，包括亲近大自然、进行社会实践、看电影等。

（四）会锻炼，当好运动教练

希望孩子健健康康，无病无忧，这是每一个家长的美好期望，可以说没有一位家长不重视孩子的体育运动。然而，体育的价值不仅仅是"身体好"这个单一价值。张伯苓认为，"强国必先强种，强种必先强身。"毛泽东则提出："欲文明其精神，先自野蛮其体魄。"体育运动具有强身健体、益智健脑、怡情强心、涵养德性等综合性价值，是"五育"并举和"五育"融合中的重要一环，具有基础性作用。高品质学校应以"生命至上，健康第一"为价值导向，高度注重家长在协同开展"体育"上的作用，期望家长成为孩子的运动教练，支持和服务孩子的运动。

首先，家长要培养孩子的运动兴趣和体育爱好。不是每一个孩子都有运动的兴趣和爱好，有的孩子天生好静，不爱运动，但家长不要轻易放弃。"兴趣是培养起来的"，可以尝试多种运动，从而找到适合孩子且孩子喜欢的运动方式。有的孩子不喜欢剧烈运动，但喜欢强度不大的运动项目，如慢跑、骑自行车等。有的孩子胆小，害怕身体接触多、危险性大的项目，但可能喜欢跳绳、乒乓球。另外，孩子在运动的初期，由于自身能力不足和训练时间不够，容易受伤和受挫，家长千万不要心疼而让孩子放弃，或是训斥责备，应该多一些耐心和鼓励，让孩子多一分成功的体验。

其次，家长要解放孩子的运动时间和运动空间。处于"教育焦虑"之中的家长，往往以学习时间紧、学习压力大、容易受伤等为由，限制甚至禁止孩子的运动。很多学校运动会或运动队组织困难，不是选手少和苗子弱，而是因为家长的反对。不能因为存在运动风险而因噎废食，不让孩子运动，否则会失去更多。尽管中考体考的比重越来越大，正向引导着家长重视体育，甚至出现针对"体考"的私人教练和机构培训，但这种功利取向的运动存在训练内容单一和时间受限等问题。家长要发自内心地认同体育，让孩子从试题训练的时间局限和考试排名的心理压力下解放出来，给孩子自由运动的时间和空间，让运动成为孩子的生活方式和习惯。

最后，家长要支持学校的运动项目和运动安排。高品质学校高度重视"每天锻炼一小时"的要求，为此绞尽脑汁，力求各具特色。有的学校实行"每天一节体育课"，确保体育运动的时间。有的学校校本化实施体育国家课程，采用运动项目模块化教学或男女生分类教学，以提高体育课程的有效性。有的学校把群众性体育活动和竞技性体育运动项目结合起来，以特色体育运动队带动全员性运动活动的开展。有的学校把抓好行课期间的校内运动和指导放假期间的家庭运动结合起来，两手抓。但不管学校采取哪种发展体育运动的方式，都需要家长的支持和配合，如支持学校运动时间和项目的安排，主动如实告知教师孩子的身体情况，督促孩子在家运动的落实等。

（五）会激励，化身励志大师

孩子在试错和受挫中成长，能增强生命活力。在这个过程中，孩子最需要精神动力和情感慰藉，因此家长要化身"励志大师"，成为孩子的能量电池和精神港湾。当然，"励志大师"不能只是简单地说"孩子，你真棒""爸妈相信你"之类的缺乏"含金量"的话语，既然称为"励志大师"，必定其中充满智慧。

首先，树立全人理念，多方位育人。高品质学校倡导"全人"的教育理念，把孩子看作"完整的人""主体的人""发展的人"，这对于教师而言非常重要，对于家长而言也非常重要。在"全人"理念观照下，家长要明白，孩子是有血有肉、丰富立体的"人"，而非冷血呆板、单一模式的"泥塑"。他们的成长需求不仅仅是获取知识、增长才干，还渴望获得尊重、理解、信任、包容、关怀等情感，还希望在人际交往、德行修养、文体活动等方面得到提升。对此，家长要跳出"分数""名次"等局限，敢于突破教育上的"内卷化"竞争，多关注和激励孩子在德行、思维、情绪等方面的发展。

其次，树立多元理念，找准闪光点。每一个孩子的智能组合方式不同，优势智能领域也不同。孩子不缺乏闪光点，而是教师和家长缺乏发现闪光点的眼睛。教师和家长不要被孩子的缺点和不足"蒙住眼睛"，随意给孩子贴上负面标签。教育要"避其短"，更要"扬其长"，在保证孩子的基本素养前提下，"扬长"比"避短"更为重要。孩子如同一座金矿，蕴含着巨大的发展潜能和空间，教师和家长要有"探矿"的执着和锐眼。

最后，树立解放理念，给孩子松绑。教育即解放，陶行知就提出著名的"六大解放"的观点，即"解放儿童的头脑""解放儿童的双手""解放儿童的眼睛""解放儿童的嘴""解放儿童的空间""解放儿童的时间"等，以让孩子的创造力得以发展、个性得以张扬。每一个孩子都是金矿，蕴含着巨大的发展能量。家长的责任就在于把这座金矿发掘出来，把束缚在孩子身上的缰绳解开。家长要克服包办代替、规训约束、灌输形塑等错误教育思想的局限和影响，充分发挥孩子的主体性，引导和帮助孩子自主发展。

二、以"三美"为标高，与子同成长

父母是孩子的第一任老师，"师高弟子强"，父母的高度影响孩子的发展高度。这里的"高度"不单指学历水平、社会地位和经济收入的高低，而更多的是指父母的品德人格、生活态度等。当然，父母如能学识渊博、事业有成，肯定是能够为孩子的成长提供更好的示范引领和成长环境的。高品质学校建设鼓励家长以心灵美、语言美、行为美"三美"为标高来要求自我，实现与孩子同成长。

(一)心灵美,以德行润育孩子

"德为才之帅,才为德之资",道德修养在人才素质中具有方向性和基础性地位。陶行知曾说:"道德是做人的根本。根本一坏,纵然你有一些学问和本领,也无甚用处。"高品质学校坚持立德树人根本任务,强调把"立德树人"贯穿于人的发展的全过程和全领域,积极指导家长在家庭中开展好道德教育,为广大少年儿童"系好人生第一粒扣子"。习近平总书记要求教育要"培根铸魂、启智润心",这不仅仅是对社会教育、学校教育的要求,也是对家庭教育的要求。"孟母三迁"的故事告诉我们,环境和氛围对孩子成长的重要性,社会是孩子成长的外环境,家庭就是孩子成长的内环境。"染于苍则苍,染于黄则黄",良好的家训、家风对孩子的成长非常重要。家长作为孩子的第一任老师和终生老师,自身如能正直、善良、爱国、仁义等,就能让孩子在耳濡目染之中习得美好德性。家长要自觉而坚决地以社会主义核心价值观为标高和内容来要求自己,涵养自身德行,并润育和熏陶孩子。

(二)语言美,以雅言熏陶孩子

语言是交流的工具,也是人的思想观念、德行修养、性格特点、思维方式等的外在表现。"刀子嘴"尽管可能出自"豆腐心",但由于语言不美而对人造成了伤害。心理研究显示,对6岁之前的孩子经常说一些生气、训斥的话,容易使孩子形成消极负面的人格,产生自卑、内向、忧郁、压抑等心理和对家长强烈的逆反心理。家长要记住,孩子需要的是"冬日暖阳",而非"夏季骄阳";需要的是"雪中送炭",而非"釜底抽薪"。家长日常语言方式对孩子的影响很大,不恰当的语言一方面会让孩子"有样学样"而语言不文雅,另一方面会因为语言的简单粗暴而对孩子心灵造成伤害。高品质学校应引导家长高度重视自身语言的教育价值和教育影响,以雅言熏陶孩子。第一,语言要雅,不要粗言秽语。第二,语言要正,不要消极抱怨。第三,语言要柔,不要训斥讥讽。第四,语言要真,不要谎言假话。

(三)行为美,以德行教育孩子

家长的言行是最生动最鲜活的教科书,不但要语言美,还要行为美。俗话说,"熊孩子背后有熊父母",这说明了家长错误的言行方式和价值观等对孩子的消极影响。孩子是家长的一面镜子，不管是好的行为习惯，还是不好的行为习惯，都可以在家长身上找到影子。"身教重于言教"，家长的言行一致和表里如一是最好的教育。家长要把对孩子的期望转化为对自己的要求，期望孩子雷厉风行，自己就不要拖沓懒散；期望孩子静心专注，自己就不要心不在焉；期望孩子能克服手机诱惑，自己就不要成为"手机控"；期望孩子不要沉迷游戏，自己就不要成为游戏迷；等等。需要特别提醒家长的是，家长要有慎独意识，不要以为这些行为要求是在面对孩子时才这样的，孩子不在身边就可以自由行为。"狐狸的尾巴是藏不住的"，家长没有内在的道德自律和自我管控，在孩子面前难免露出本性，结果被孩子识破，反而适得其反。这就意味着以德行给孩子示范，不仅是一种教育要求，更是一种自我修炼。

第 12 问

"五建三好"的校园指什么？

目前世界正面临百年未有之大变局，中国特色社会主义进入新的发展阶段，"十四五"期间面临着"新阶段、新格局、新任务"。在"教育强国"功能定位和"办人民满意的教育"办学追求的指引下，学校教育要以立德树人为根本任务，以"五育"并举为教育方针，全面发展素质教育，培养"担任民族复兴大任的时代新人"，肩负起"为党育人，为国育才"重大的历史责任和使命，必须以高品质学校建设来回应"上好学"的社会需求。

随着互联网技术、物联网技术、人工智能技术、高端制造业、太空技术等高科技的迅猛发展，科技对教育、对人才培养模式提出了更高的要求，转变育人方式，建设未来学校已迫在眉睫。学校教育要为促进中国由"教育大国"向"教育强国"的转变，为中华民族伟大复兴提供强有力的人才支撑，这就需要学校走向高品质。

校园是师生共同成长的生命场域，也是每一位教师、学生、家长，乃至整个社会了解学校情况的"第一印象"。高品质学校的校园建设要着重实现"五建三好"。"五建"指的是建好"安全校园、文明校园、健康校园、智慧校园、文化校园"。"三好"指的是办学氛围好、社会声誉好、发展前景好。

一、"五建"融合，五环相扣成花环

校园是师生学习、工作、生活的直接场域，高品质学校应把校园建设成为安全校园、文明校园、健康校园、智慧校园、文化校园。"五大校园"理念，朵朵艳丽，环环相扣，形成花环，展示出高品质学校生动活泼的育人氛围，为学生幸福而完整的生活提供良好的环境。

图 13 "五建三好"的校园

(一) 安全校园，稳定发展的基石

安全和稳定压倒一切，在任何时候都要把安全和稳定工作放在优先位置，加强安全管理和维护稳定，加强意识形态教育和法制教育，及时化解和处理各种矛盾，确保学校安全和稳定大局。安全和稳定工作包括意识形态、信息安全、网络安全、交通安全、人身安全、设施设备安全、食品卫生、流行性传染病防控、心理障碍和人格异常、学生冲突、体罚及变相体罚、反恐防爆、群体事件、恶性事件、防雷防汛等。安全稳定是学校运行和发展的基石和保障，学校要力争实现全年安全稳定责任零事故的工作目标。

1. 专兼结合，全员参与

加强安全和稳定工作的宣传教育，强化树立"人人事涉安全稳定""安全稳定没有小事"的安全稳定观，充分认识到安全和稳定工作的必要性、重要性、紧迫性、关键性和全员性。特别要加强对家长和学生、学科教师的安全教育，做到人人都是安全员，人人担责，人人建言，人人监督，人人落实。

在全员重视和参与安全和稳定工作的基础上，学校要成立专兼结合的安全工作队伍，加强专项培训，提高专业技能，实现"专业的事让专业的人去管去做"。在学校安全和稳定工作上，校长作为"第一责任人"负总体责任，副校长具体分管，中层干部协助管理。有的学校设专门的安全办公室等处室机构，有专职人员负责日常具体工作。鉴于工作的专业性，特殊岗位要聘请有资质的专业人员，如网络安全管理员、电梯管理和维护人员、电工、锅炉人员、实验室管理员、校医、心理教师等。

2. 制度完善，压实责任

安全和稳定工作是一项非常考验责任心而又繁杂琐碎的工作，绝不能只把安全与稳定工作寄希望于人的责任心上，而应更多靠制度和机制来增加保险系数，降低不安全和不稳定事件的发生率，力争实现重大责任事故的零发生。建立安全和稳定的预防、预警和应急处理机制，梳理安全和稳定风险点，做到主动防御和化解。做好建章立制，梳理、完善和唤醒原有制度，根据安全和稳定工作的发展需要，增加和完善新的制度，构建体系化、可操作的制度体系。落实学校安全教育和管理的责任制度以及督查制度的实施，特别是夜间值班制、保安巡更制度、楼长制、门卫管理制度。

强化安全责任意识，压紧压实安全和稳定责任，推行和落实"一岗双责"制度，人人签订责任书。把安全教育落实情况纳入干部考核、班主任考核和优秀班集体评比之中，加强通报制和督查制。把安全管理纳入干部考核、师德师风建设和考核、处室和年级等部门考核之中。

3. 多维防范，防控风险

学校安全和稳定工作是一项系统性工作，贯穿在学校工作的每一个领域和每一个岗位，涉及面广，不但需要全员参与，还需要系统思维，实行多维防范，最大限度防控风险。

实行物防、技防、人防相结合，弥补人防的局限。优化学校安防和监控系统，合理分布点位，及时维修维护。要注意学校网络系统防火墙的及时升级，提高防范能力。在食堂、图书馆等容易发生火灾的地方，要安装烟雾报警器、自动灭火系统等。学校建筑一定要符合国家安全标准，建设高危项目时要适当符合或高于国家标准，如护栏的高度和强度、灭火器的布点密度、安全通道的宽度、应急照明系统的持续时间等。

实行预防、化解和处置相结合的机制，以预防为主。加强舆情监控，把握师生和家长的思想动态，及时化解矛盾和纠纷。提升心理健康教育质量，建立心理健康预警和干预系统，引导学生正确处理矛盾和挫折。加强法制教育，加强人员排查，严格防范邪教活动人员、吸毒人员、有犯罪前科人员、有严重心理障碍人员等在学校从教或从业。

实行常规巡检和专项检查相结合，抓住症结，消解难点。坚持安全工作例会，坚持日常安全检查和专项安全检查，组织好校警的安全防范训练和师生防震减灾应急疏散演练，及时整改安全隐患。加强微型消防站和学校警务室建设。加强危化药品管理、防雷设施检测、食品验货和留样制度、直饮水水质检测、煤气监管和维保、食堂电梯维保、电路检修、流行性疾病的防控等安全高危点的工作。

4. 规范演练，应急快速

安全与稳定问题，谁都不愿意它发生，但谁都不能杜绝它的发生。对安全与稳定问题，要以预防为主，但同时也要做好发生后的应急处置工作。一是要有可操作性强的应急预案，包括上报流程、处置办法、舆情管控、资料留存等。二是要有应急处置的队伍，如防汛防涝抢险队、煤气电力抢险队、火灾抢险队等。三是要加强应急演练，包括灭火演练、夜间停电演练、防震演练、疫情演练、停气演练等。

应急演练要实现"养兵千日用兵一时"，一是要"真"，在真实情景中演练；二是要"实"，不搞形式主义，不搞过场，要加强考核；三是要"勤"，不能因为某些问题发生的可能性较小就不演练，如地震，只有反复演练才能形成"条件反射"，在关键时刻派上用场；四是要"细"，抓住关键环节，如拨打110、120、119等电话的演练等。

5. 社区支撑，协同佑护

学校是社会的组成部分，离不开社会各界和当地社区的支持。在安全稳定、校园周边环境治理、社会治安、食品安全卫生、传染病防控、财务稽查、税务稽查等方面，要遵守当地的管理制度，主动接受工作指导和监管，积极争取派出所、交管部门、街道办及社区、疾控中心、公共卫生院、市场监管局等单位和机构的支持和保障，建立常态化的互动沟通机制。

学校应支持并配合相关部门展开的安全与稳定定期检查和随机抽查。很多学校有一个认识误区，认为派出所、市场监管等部门到校检查是干扰学校正常的教育教学秩序，增加学校负担。对此，校长要转变观念，应该明确"督查就是督促，检查就是诊断"，相关部门的检查、评估、督查等其实是专业性的诊断和评估，可以大大弥补学校人员的工作漏洞与缺失，增加一双排查问题的眼睛，是对学校发展的"保健"，而非"卡脖子""挑毛病""增加负担"等。"以随时迎检的标准来要求常规工作"，校长可以

"借势"来化解相关工作人员的麻痹大意、能力不足、落实不够等问题。

（二）文明校园，人文教育的约定

教育是"化民成俗"的事业，其主要目的不是传递知识，而是教化人民形成良好的风俗习惯。文明校园建设，其核心是培养人的人文精神，促进受教育者的人性境界提升、理想人格塑造以及人生价值实现等，克服野蛮、自私、冷漠等人性弱点而成为"文明人"。学校是传递文明的场所，高品质学校应致力于促进学生健康成长，追求文明高雅的生活，促进社会文明和谐。可以说，高品质学校应该是文明之花盛开的花园之地，应该是社会文明和谐的策源之地。

1. 教师德行垂范

教师以德行垂范于学生，春风化雨，行无言之教，这是最好的文明养成教育。高品质学校建设应非常注重以师德师风为灵魂，组织教职工签订《廉洁从教承诺书》，组织师德师风测评；加强对有违师德师风的行为的教育和处理，严肃严格处理师德师风投诉事件；开发和组织师德报告会、治班策略展评活动、导师制师生结对活动、评选"师德标兵"等活动，提高教师的师德修养。薪火相传，教师应以高尚品德、高洁操守、高雅言行垂范和熏染学生，让学生在耳濡目染中自然习得和内化。

教师承担着"学生锤炼品格的引路人"的职责，要树立"立德树人"的意识和自觉，"坚持教书和育人相统一"。梅贻琦先生曾提出师生之间的"从游论"教育关系，即"学校犹水也，师生犹鱼也，其行动犹游泳也，大鱼前导，小鱼尾随，是从游也。从游既久，其濡染观摩之效自不求而至，不为而成"。在师德修养中，教师要严格自律，自觉遵守《新时代中小学教师职业行为十项准则》与《教师职业道德十条禁令》。在做好"保底"自律的基础上，教师要以社会主义核心价值观为标高，追求更高的师德修养，特别是以"四有教师""四个引路人""六要"等要求为准绳，加强师德师风建设，做好德行垂范。

2. 学生言行文雅

注重文明礼仪是中华民族的传统美德，"不学礼，无以立"，不修礼仪就无法立身立业。良好的文明礼仪习惯，可以转化为一个人内在的性格和情操，提升人的生活质量和国家的"软实力"。高品质学校建设要狠抓学生文明礼仪习惯的养成。一方面，立足"全人"理念和"五优三强"育人标准，开展好文明礼仪教育。另一方面，加强社会主义精神文明建设，提高全民族素养的育人高度，认真实施学生文明礼仪的养成教育。

学生文明礼仪教育以学生言行文雅为直接目标，以学生能正确处理"我"与"他人"的关系为最高目标。文明礼仪教育，不能停留在依靠制度和纪律来"规训"的层面，而要深入到学生的人生观、价值观和世界观的修养上。在"人类命运共同体"价值观引导下，引导学生将"小我"转化为"大我"，把个人利益放置于社群利益和国家利益之下，学会尊重、关心、帮扶、包容、理解他人。学生文明礼仪教育包括就餐文明、交往文明、卫生习惯、考试纪律、活动纪律等，重点抓住学生在集体活动、校外生活等场域的表现，让学生的一言一行随时随地表现出高雅气质。

3. 活动高雅健康

校园活动，既是学校实现育人目标的非正式课程，也是学生放松身心、涵养情趣、发展个性的载体，一向是学校建设关注的重点。高品质学校建设，应特别注重校园活动的"格调"，兼顾思想性和娱乐性、群众性和个体性的需求，防止单纯为了娱乐而开设校园活动，拒绝平庸，杜绝媚俗。为此，学校要实行活动前预审制、活动中监管制和活动后评估制，做到全程管控。这不是对学生的不信任，而是对学生的负责。学校必须担负起价值引领的职责，严防低级庸俗有违公序良俗的情况出现，严防反党反社会反国家的意识形态事件的发生。当然，高品质学校非常注重发挥学生的主体作用，要通过思想引领、宣传引导、榜样示范、师长熏陶、对话沟通等多种方式提高学生对高雅格调的追求。

作为新时代学子，要深知"担当民族复兴大任的时代新人"对自己的呼唤和要求，自觉追求成为文明使者，倡导文明、呵护文明、宣扬文明和建设文明。不管是学校组织的校园活动，还是团委、学生会、少先队、社团联合会等学生组织开展的活动，都要把格调高雅文明作为首要标准，以向上向善来引导学生，而不仅以好玩有趣来吸引学生。只有广泛开展将思想性与娱乐性相结合的校园活动，促进学生在活动中体悟和内化文明公约，学校才能成为生动活泼而又积极向上的场所，为高品质学校建设奠定坚实基础。

4. 氛围积极向上

苏霍姆林斯基曾说："要使学校的每一面墙壁说话，发挥出人们期望的教育功能。"这说明，学校文化是属于思想和精神层面的东西，既有隐性渗透的教育功能，也有显性昭示的教育功能。学校要营造处处育人的氛围，发挥环境育人、氛围育人的作用。陶行知把晓庄学校的大礼堂命名为"犁宫"，并附上对联"和马牛羊鸡犬豕做朋友 对稻粱菽麦黍稷下功夫"，以强调"在劳力上劳心"的主张，目的在充分利用和发挥环境及氛围育人的作用。

学校文化首先要营造好非物质文化氛围，如利用学校官方网站、微信公众号等现代媒体开展对外宣传，如利用升旗仪式、集会呼号、新生入学教育、毕业典礼、培训讲座、微信文章、广播站、校园电视台等方式进行通知或宣讲，利用教师的言行举止予以示范熏陶等。其次，学校要利用橱窗、展板、墙画、横幅、校史陈列馆、画册等传统媒体和宣传阵地进行直接展示和持续宣讲，营造良好的文明氛围。最后，以优美的建筑、会说话的墙壁表达凝固的诗情画意和丰富的教育主张。

5. 环境优美整洁

高品质学校的环境优美，包括建筑和绿化两部分，这是学校"品相"的直接表现。学校环境布局有集中式布局、分体式布局和多元式布局等形式，但只要功能分区明确、井然有序、功能完备，都是可行的。学校建筑不仅提供教育教学活动开展的场域，还是学校所在地的地域文化、民族文化和学校自身文化体现的精神载体。学校应该有与其历史事件、历史人物、办学追求等学校文化与精神相匹配的标志性建筑、纪念性建筑和文化性建筑，充分发挥每一块砖、每一面墙、每一个角落的育人功能，打造和营造立体的育人环境。

学校环境不仅要干净、卫生、整洁、有序，还要绿化到位，做到艺术性和实用性相结合，让师生在紧张的学习和工作之余，得以减轻疲劳、陶冶性情、舒缓情绪、培养审美。一要"美"，四季见绿，月月有花，高低错落，疏密得当。二要"亲"，方便师生参与其间，能有休闲的亭子和座椅，以便徜徉其中。三要"精"，切忌杂乱无章，要井井有条，并把文化融入其中。这要求高品质学校根据不同绿化区域的条件、类型、作用，以及植物的不同生长习性等因素，因地制宜、因时制宜地统筹安排和精心设计，创造人与自然和谐相处的学校环境。

（三）健康校园，生命在场的承诺

高品质学校在"全人"理念指导下，应秉持陶行知的"健康第一"价值观，狠抓健康教育、健康服务和健康保障，构建健康校园，保障和促进健康成长。高品质学校的健康校园建设包括精神健康、身体健康、饮食健康、交往健康和心理健康，五位一体，共筑"健康堡垒"。

1. 阅读相伴促精神健康

这是一个"全民阅读"和"终身学习"的时代，诚如朱永新所言，"一个人的阅读史就是其精神成长史"，阅读的过程就是人精神成长和丰盈的过程。阅读不是捧着一本书去读那么简单，阅读是人的存在方式，帮助人类突破自身局限，传承人类已有文明，帮助人类实现自我建构。阅读经典就是与大师对话，伴随着反思、反省、诊断、重构、生长等过程，帮助人不断地向"理想的我"逼近，成为"最好的我"和"个性的我"。

高品质学校注重以阅读来促进学生的精神成长，致力于打造"书香校园"。首先，建设好阅读场所，包括学校图书馆、图书角、图书栏等，让学生处处可读。其次，开发好阅读课程，不仅仅是语文课和英语课有阅读课，其他课程也可以开发阅读课，把图书馆搬入课堂。最后，开展好"悦读·越读"活动，包括读书分享会、图书推介会、作者见面会、书评比赛、绘本阅读表演、亲子阅读等，以活动和赛事来带动学生的阅读积极性。

2. 运动成习促身体健康

著名教育家张伯苓认为，"强国必先强种，强种必先强身"。体育强则中国强，国运兴则体育兴。体育承载着国家强盛、民族振兴的梦想。体育既是国家强盛应有之义，也是人民健康幸福生活的重要组成部分。高品质学校应坚持"健康第一"的教育理念，积极协调和推进文化学习和体育锻炼的共同发展，帮助学生在体育锻炼中享受乐趣、增强体质、健全人格、锻炼意志。

高品质学校应积极响应"每天锻炼一小时，健康工作三十年，幸福生活一辈子"的理念，狠抓"每天锻炼一小时"，开足开好体育课，以多种形式组织好大课间锻炼，同时大力发展篮球、足球、排球、气排球、高尔夫、武术、健身操、啦啦操等课程和社团活动，充分满足学生的不同兴趣和需求。高品质学校应以"孩子的需求就是教育的方向和内容"为价值追求，不囿于安全管理的压力，寻求安全管理和满足天性之间的平衡点，开发出跳短绳、趣味抖球等课间文明休息小游戏，还可增设壁挂篮球架、桌式足球、方便书写的水写书法台等设备，新设可坐可躺的读书角等场所。即使是"每天锻炼一小时"的大课间，内容也应不限于整齐划一的课间操，而是可以根据不同年龄段开展跳绳、环形跑、跳跳蛙、韵律操、踢毽子、呼啦圈、滚铁环等趣味体育运动，既锻炼身体，又能释放孩子喜欢活动的天性。

3. 营养配餐促饮食健康

学生处于儿童或青少年时期，正是身体快速发育的关键时期。"民以食为天"，保障好学生的饮食，开展好饮食安全教育，是学校健康管理和健康教育的重要内容。高品质学校应把师生的身心健康放在首位，把学校食堂视为健康的前沿阵地。学校不但要坚持学校食堂的自主经营和非营利经营，还要以"健康卫生、美味可口"为标准，把好大宗食材进口关、从业人员健康关、食材加工质量关、食品卫生关等关口，做好营养配餐，让师生员工吃得放心、吃得安心、吃得舒心。有条件的学校，还要对食堂的软硬件进行提档升级，包括无死角的监控系统、智能化管理平台、自建食材食品快检系统、聘请专业营养师、聘请高职称厨师、建设开放式后厨等。

学校食堂经常成为家长和学生投诉的矛盾焦点，学校要加强家校沟通，包括家长参与食材供应商考察和招标、实行家长陪餐制、落实校长陪餐制、组建家长参与的膳食管理委员会、定期和不定期开展家校沟通会、组织家长和学生参观或参与食堂管理等。另外，学生错误的饮食观念和饮食习惯也是造成矛盾的原因之一，学校要开展好饮食文化教育，包括健康饮食、营养配餐、成本核算、文明就餐、热爱劳动、光盘行动、卫生防疫等，形成食育文化和食育课程。

4. 人际和谐促交往健康

"教育即交往"，交往是生命展开和运行的形式，教育通过交往而展开，同时交往能力的培养也是教育的主要目标。健康是指一个人在身体、精神和社会等方面都处于良好的状态，良好的社会交往是健康的重要内容。高品质学校建设应非常注重"交往"的教育价值，帮助师生提高交往能力，构建良好的人际交往氛围。交往教育，以关怀和仁爱为出发点,以对话和理解为手段,以合作和共生为目的,与高品质学校建设的"全人、全纳、共生、共赢"的理念是一致的。

在交往教育学视野下,学校的人际交往关系主要有师生交往、干群交往、家校交往、亲子交往、同事交往等。高品质学校应注重建设"彼此尊重,相互学习;和谐竞争,共同引领;智慧碰撞、资料分享"的团队文化,把一切分歧和争议定位于学术见解不同的层面,而不随便上升到思想和道德层面,以"发展共同体"来构建良好的同事关系和干群关系。高品质学校应谨慎理性处理男女生交往,尊重学生交往异性的心理需求,引导学生理性把握交往的度和方式。高品质学校通过家长学校、家委会等平台,加强家校沟通,同时通过开发亲子活动、三方(教师、家长和学生等)交流会等,促进亲子交往。

5. 情感丰盈促心理健康

心理健康教育是高品质学校建设的重要内容,《关于深化教育教学改革全面提高义务教育质量的意见》把"大力开展理想信念、社会主义核心价值观、中华优秀传统文化、生态文明和心理健康教育"作为坚持"五育"并举,全面发展素质教育的重要内容,《关于新时代推进普通高中育人方式改革的指导意见》则要求"加强对学生理想、心理、学习、生活、生涯规划等方面的指导"。

高品质学校要大力扶植教职工社团活动,做好经费保障、时间保障、场地保障、师资保障的"四保障",开设茶艺课、游泳课、瑜伽课、书法课等课程,让教职工的业余生活丰富多彩,既可以让生活更有情调舒缓压力,还有利于促进教职工的人际关系。在配足专职心理健康教育教师和开足心理健康教育课基础上,高品质学校要建设学生成长中心或学生发展中心,把心理健康教育和生涯教育整合起来,开展好日常咨询和指导工作,组织好主题宣传和主题活动,构建心理危机干预和预警机制。高品质学校还应注重通过优化师生关系、科学评价学生、减轻课业负担、加强学法指导、促进亲子沟通等方式来减轻学生心理负担,提升学生的抗挫折能力。

(四)智慧校园,科技助力的魅力

随着信息技术和网络技术的迅猛发展,"互联网+""人工智能+""物联网+"等已深刻影响,甚至倒逼着教育理念更新、学校管理模式变革、教育技术提升和育人模式转型，智慧校园建设和信息技术与教育教学深度融合已成为高品质学校建设的追求和标配。

1. 平台一体化

高品质学校要积极开发和常态化运用APP，建设数字校园，推行网上办公，在校园安全管理、教学管理和评估、招生、膳食管理等领域充分运用现代信息技术手段。针对学校APP平台多、端口杂、操作不方便等问题，高品质学校要注重平台一体化的建设，将网上办公、信息通知、成绩查询、场馆预约、选课排课、选餐订餐、薪酬查询、图书借阅、考勤管理、成绩分析等集成在一个平台上，使得教职工、家长、学生能用一组账号和密码即可进行统一处理。

2. 硬件现代化

"工欲善其事，必先利其器"，高品质学校要主动适应并充分借助现代科技，特别是信息技术，建设好如标准化考室、电子班牌、高标准一体机、视频会议系统，优化学校网络综合布线系统，提高学校网络带宽速度、提升网络直播系统等基础性工程运行质量。当然，高品质学校在智慧校园建设中，并不是硬件越高档越好，而是要以"适度""够用""用好"为原则，避免超前配置、配得好但用不好等问题。

3. 运用融合化

高品质学校要以硬件建设和教育技术更新倒逼教师更新教育教学理念，提高教师信息素养，提升教育教学质量。应加大力度推进信息技术与教育教学的深度融合，加强对教师信息技术能力培训，推行网上评教和网上阅卷，利用大数据进行精准教学和质量监测，利用互联网开展综合素质评价和综合实践活动。充分利用互联网技术促使线上和线下融合，开展"云＋"教育教学活动，如"云家长会""云公益讲坛""云课"等。建好教育教学资源库，积极参加"一师一优课"活动，用好网上教育教学资源，促进教师专业发展和教育教学质量提升。高品质学校要注重加强信息管理和信息宣传，加强学校官方微信公众号、官方网站等的管理维护，防止黑客入侵和网站堵塞，制定并落实学校线上信息发布审核机制和推广机制。

（五）文化校园，品质学校的密码

学校是一个文化场，学校文化是学校的根和魂，决定学校办学的品质与活力。李政涛教授认为，高品质学校建设要实现从实践自信走向经验自觉的自我觉醒，以及从个性经验走向共性知识的功能实现。如何做到这个功能实现，学校文化建设是前提和关键。学校文化具有"行为导向、陶冶激励、启迪智慧、规范约束、团结凝聚、向外辐射与娱乐"等功能，是决定性、全域性、可持续性的内在驱动力量，是办学诸要素中无法替代的要素。

1. 立德树人来铸魂

学校文化是一个体系，包括教育思想、办学目标、培养目标、育人模式、教学思想、德育思想、教师行为文化、学生行为文化等。高品质学校要建设体系完备、层次分明、内涵丰富、特色鲜明的学校文化体系。立德树人是教育的根本任务和工作主线，也是高品质学校文化体系的灵魂。高品质学校建设要把社会主义核心价值观教育作为旗帜和主线，把爱国主义教育、责任感教育、法制教育、劳动教育、审美教育作为重点，把生涯教育、研学旅行、自主管理、习惯养成、垃圾分类教育等作为突破点，构建学校"立德树人"体系。

2. 生命立场来筑基

学校文化形态千姿百态，反映在精神文化、制度文化、物质文化、行为文化等层面，融化在班级文化、教室文化、课堂文化、活动文化等之中。学校是一个生命场，也是一个文化场，"有人味"是高品质学校在情感维度上的文化标志。《中共中央国务院关于深化教育教学改革全面提高义务教育质量的意见》指出："各地各校要切实加强课程实施日常监督，不得有提前结课备考、超标教学、违规统考、考试排名和不履行教学责任等行为。"这表面上是规范办学行为，本质却体现的是"以人为本"的人文主义教育观。高品质学校秉持生命立场，创造最适宜师生发展的教育，以提高人的生命质量和价值。

3. 多元融合来创生

学校文化是"学校的文化"，而不是"校长的思想"。学校文化建设是个人智慧与集体智慧碰撞融合并逐渐沉淀的长期过程，也是学校文化与社会文化交互和激荡的共生共建过程。高品质学校在进行文化建设时，要采取"自上而下"和"自下而上"双向互动的方式，既要发挥校长的引领和决策作用，又要激活教职员工的参与性和创造力，还应汲取家长和学生的朴素思想和真挚追求。学校文化更是一个动态生成、逐步丰富的建构过程，要把握好传承与创新的关系。

4. 内化于心来扎根

一般来说，学校能认识到文化建设对学校发展和教育质量的重要性，但往往提炼出来的文化是"无根之木"，无法与学校发展融为一体，是"魂不附体"的文化。高品质学校在文化建设时要注重扎根于师生员工的思想内核，"外化于行，内化于心"，防止飘在空中、留在纸面，流于形式。让文化"生根"的方式也有很多，如宣示、灌输、示范、释义、对话等。基于教师专业生活现场的"对话"，隐含着价值选择、思维启迪、观点碰撞等过程，具有深刻的教育意蕴。对话包括干群对话、师生对话、文本对话、自我对话等，具有常态化、多维化、多向化和深度化等特点。对话的形式多样，如观课议课体系、集体教研、读书分享会、教育沙龙、干部深入课堂和教研活动、学习汇报会、经验分享会、教育时习会、主题教研会、校长面对面、意见征求会、论证会、名师工作室等。想方设法"把话筒交给教师"，让教师们在对话和表达中理解、践行和呈现学校文化，有助于真正推进学校文化"生根"。

5. 生动形象来宣扬

用最简练的文字表达最深刻的道理，用最浅显的语言传递最深奥的思想，这是学校文化表达中的最高境界和追求。学校文化多以办学思想、办学目标、"三风一训"（校风、教风、学风、校训）、校歌、校旗、校徽、校园名言等形式呈现于外。学校文化外化的表达方式很多，如利用官方网站、微信公众号等现代媒体对外宣传，如利用橱窗、展板、墙画、横幅、校史陈列馆、画册等传统媒体持续宣传，如利用升旗仪式、集会呼号、新生入学教育、毕业典礼、培训讲座等方式直接告知。高品质学校通过多渠道、多形式的文化宣讲，让广大教职工、家长及学生、社会人士在反复接触和持续熏陶下，逐渐对学校文化产生认同感，从而塑造学校的文化品牌形象。

二、"三好"展貌，笔笔精彩绘美颜

高品质学校是形神俱健的学校，"神"表现为办学品位与办学质量和谐共生，"形"表现为多方认同和活力四射，综合表现为办学氛围好、社会声誉好、发展前景好。

（一）办学氛围好，多方齐助力

办学是一个系统性工程，需要多方发力，除了自身努力，还应充分调动和开拓校外办学资源，在政府、社区、智库、家长、校友等诸多力量支援下，把学校建设成为办学开放、行为专业、资源多元的活力学校。

1. 家校互动，协同育人

学校不要简单地把家长看作是学校教育的"服务对象"而被动交往，也不要认为学校手中有"人质"而强势要求家长配合学校，而要看到家长本质上是"教育合伙人"，不但是孩子的"第一任老师"，也是蕴含着巨大潜力的教育资源和教育力量。高品质学校应注重家校的协同育人作用，首先要充分发挥家委会的作用，让家长参与学校的管理，起到"监督者"的作用；其次，通过家长会、家长学校等，提高家长的家庭教育能力，起到"协同者"的作用；最后，通过家长课堂、家长讲坛、亲子活动等，发挥家长所长，起到"教育者"的作用。

2. 校友反哺，学长引领

校友不仅仅是学校的"教育产品"，也是学校的"教育资源"。如何盘活用好校友这笔巨大的财富，考验着学校的办学智慧。高品质学校应高度重视校友资源的开发和运用，把校友作为学校办学的重要力量。首先，建立校友联络办公室，由专人负责多渠道联系校友，条件成熟的学校可以发起成立学校发展基金会。其次，把学校的办学思想、教育活动和办学成果等及时推介给校友，让校友成为学校"宣传员"和"招生员"。最后，可开设"校友讲坛"让校友成为学校的"兼职"教师，组织"校友在前方，榜样在身边"的宣传活动，发挥校友的示范和引领作用。

3. 社会联动，资源汇聚

高品质学校建设离不开社会资源补充教育力量，离不开行政部门的政策引领。学校可聘请具有较好知识背景和业务能力的警官、检察官、律师等担任法制副校长或法制辅导员，加强学校法制教育。学校可聘请具有较好知识背景和业务能力的医务工作者、食品卫生专家、营养师、公共卫生管理专家等担任学校健康副校长或健康辅导员，加强学校健康教育。学校可依托第三方专业机构来优化学校管理、拓展学校办学资源和提升学校办学品质。

4. 专家智库，指引发展

高品质学校提倡"共生"理念，"共生"的含义之一就是"把握好对标先进和自主开拓的关系"。这就意味着高品质学校既注重自主发展和内生发展，也积极争取教育专家的引领和一流学校的启发，整合内外力量。学校可以建立自有"智库"，聘请品德高尚、学识渊博、经验丰富、视野开阔的专家、学者、名流等担任学校办学指导专家或办学顾问，为学校的改革与发展把握方向、指点路径、评估诊断。

（二）社会声誉好，各界皆认可

高品质学校是知名度、美誉度和忠诚度俱佳的学校，得到社会各界的充分认同和信赖。高品质学校不但注重自身发展好，还以"共生、共赢"的理念和追求，积极帮扶其他学校发展，构建良好的教育生态和高质量教育体系。

1. 社会影响大，知名度广

高品质学校办学的正面影响广泛，知名度高。高品质学校应充分认识到互联网时代信息资源的重要性，在抓好学校内涵发展的前提下，走出"酒好不怕巷子深"的误区，优化和加强学校宣传。学校构建全员、融合、高效的宣传体系，优化和拓展学校宣传方式。首先，充分用好官方网站、官方微信公众号进行宣传。其次，树立融媒体意识，充分用好今日头条、快手、小红书等新兴媒体进行精准宣传，加大宣传辐射面。再次，加强对教职员工、家长和学生的思想教育和情感培育，把"学校人"变为"宣传员"和"招生员"。最后，借助承办或举办大型活动、学术会议、师资培训、校际交流参观等机会，扩大学校影响力。

2. 办学质量高，美誉度好

高品质学校将"高品质"作为改革发展的理念愿景、目标方向、路径模式，把质量作为教育的生命线，深化人才培养模式改革，坚持内涵发展，坚持特色发展，坚持共生发展，因此"办学质量高，美誉度好"是高品质学校建设的核心价值追求和现实表现样态。办学质量的提升是整体性的提升，不仅仅是教学质量，还包括校风建设、学生综合素质培育、设施设备等办学条件的改进等。要树立"科学质量观"和"绿色质量观"，走出"唯分数""唯成绩""唯名次""唯人头""唯名校"的现象，要遵守教育法规的政策导向，要追求学生发展的价值取向，要遵循教育规律的科学路径，坚持

"五育"并举，坚持育人为本，坚持课程课堂，成为基础教育领域大力发展素质教育的标杆学校。

3. 学生成长好，忠诚度强

学生是学校教育的出发点和归宿，评价一所学校是否是高品质学校，关键是看其"产品"——学生的素质情况。高品质学校要以立德树人为宗旨，以核心素养为纲目，以"五育"融合为途径，切实鼓励学生真学、真做、真成长，成为"五优三强"（即品德优善、学业优良、身心优美、情趣优雅、劳动优秀和学习能力强、生活素质强、社会意识强）的时代新人。高品质学校培养的学生，应具有信仰坚定、品德优良、身心健康、学识扎实、视野开阔、习惯良好、善于学习、思维活跃、乐于交往、情趣高雅、特长突出、潜质好、富有创新精神和实践能力等特点。高品质学校应为下一学段输送基础扎实、发展后劲好、发展全面、个性突出的学生，得到下一学段学校（学部）和教师的高度认可。学生在高品质学校成长好，自然也会以感恩的心来认同、支持、宣扬自己的母校。

4. 示范引领强，辐射面大

2007年，怀揣"为了每一个孩子，办好每一所学校"的愿景，四川省教育科学研究院以《教育科学论坛》杂志社为平台成立了学术研究"共同体"，这就是高品质学校建设的初心。高品质学校建设不是为名校贴金，而是倡导"共赢"的价值追求，期待通过高品质学校的改革和建设来带动学校其他改革的品质发展，推动家庭、社区、学校和社会的品质发展，最大化实现学校的社会功能。高品质学校自身属于办学品位高、办学质量高的优质学校，具有示范引领作用，因此要开放办学，向社会分享自己的办学经验和办学成果，以此来反哺各界的支持，促进学校的高位均衡。高品质学校应积极主动参与教育扶贫，回馈社会，促进教育公平和教育均衡，共筑美好教育。高品质学校应打造学校公益性教育活动，包括公益性家庭教育讲座、公益性亲子活动、公益性师培活动等。高品质学校应与贫困地区、革命老区、民族地区等学校结成友好学校，进行教育帮扶，满足他们的跟岗实训、课堂观摩、师资培训、管理交流等教育需求。高品质学校应注重通过减免学费、提供奖学金和助学金、定制个性化培养方案等加大对贫困生的帮扶力度，不让任何一个学生因贫困而辍学。

（三）发展前景好，明天更可期

高品质学校不但表现为现阶段发展好，而且具备办学方向端正、办学理念前沿、管理制度科学、教育人才群集等办学内在要素，因此具有强劲的办学活力，能够促进和保障学校的持续发展和高位发展。

1. 方向端正，方向感强

高品质学校坚持社会主义办学方向，坚决贯彻落实党和国家的办学方针，坚持立德树人根本任务，坚持扎根中国大地办教育，是"为党育人，为国育才"的典范学校。高品质学校要把立德树人作为学校的根本任务和工作主线，大力加强国家认同和文化认同教育，加强理想信念教育和意识形态教育，为处于"拔节孕穗期"的学生"扣好第一粒扣子"，为党育人，为国育才，培养社会主义建设者和接班人，培养"担当民族复兴大任的时代新人"。高品质学校要坚决落实教育部《关于加强中小学校党的建设工作的意见》的要求，强化党组织的政治核心作用和战斗堡垒作用，把党建工作与立德树人、文化体系、队伍建设、师德师风、学校管理、课程建设、课堂教学等紧密结合，融入学校教育教学全过程之中，提高党建育人和党建兴校的有效性。

2. 理念前沿，前瞻性强

高品质学校要把"质"作为学校的底蕴，从学生成长、教师成功、学校发展三个方面去实现办学质量一流的目标。高品位包含"顶天立地"和"尊重规律"两重含义，高质量包含"文化浸润"和"全面发展"两重含义，高品位和高质量以"相乘"而非"相加"的关系相互作用和促进，如同双螺旋的 DNA 耦合而成高品质学校建设的"密码"，走向"内引式"发展道路。高品质幼儿园要高举四把尺子，即"幼儿首位""教师第一""课程核心""环境基础"，将生命教育和生命成长融入课程、融入教学、融入生活，顺应儿童天性，发掘儿童成长潜能。高品质中小学要把"四品"即"品相"（学校环境面貌）、"品位"（学校文化体系）、"品格"（学校个性特色）、"品牌"（学校信誉口碑）作为学校的底色。

3. 制度科学，自动化强

《中共中央国务院关于深化教育教学改革全面提高义务教育质量的意见》明确指出要"推进现代学校制度建设"。高品质学校应坚持依法办学，坚持科学治理，坚持民主治校，努力成为有较高水准的治理体系和治理能力的现代学校。由"管理"转向"治理"，更加强调多元主体管理以及民主式、参与式、互动式管理，更加强调系统性建构。在制度体系建设中，要注重科学有序、相互协调、运转有效、权责匹配等，通过依法管理、依规运行的机制和制度为学校发展保驾护航。高品质学校建设强调"深层生态模型"，以激发人和自然的自我潜能，以关系性思维整合学校办学各要素，寻找一种系统性、持续性、自动性的发展可能和实践样态。系统是前提，高度是追求，着眼于未来影响力和横向影响力，既整合了内部要素，又开发了社会资本。

4. 人才群集，后续力强

教师是学校发展和教育改革的第一生产力，教师的高度决定了学生的高度，教师的水平决定了办学的水平。高品质学校应注重"人"的要素，引进好人才、发现好人才、管理好人才、培养好人才、调配好人才、服务好人才是高品质学校人力资源管理的要诀。高品质学校要培育一支师德高尚、积极阳光、业务精湛、自有特长、结构合理的"四有好教师"队伍，同时教职工凝聚力和归属感强，彼此团结友爱，与同事和学生、家长的交往和谐友好，工作上积极主动并敢于担当。高品质学校在办学过程中应注重充分激活教师、依靠教师、保健教师、服务教师和培育教师，同时加强管理干部和学术型管理人才（如年级组长、教研组长等）的培养和使用，发挥20%关键人才的引领和示范作用。高品质学校要做到事业留人、感情留人和待遇留人，确保教师队伍稳定，让教育工作者充满活力。

第四章
行动的方略

第 13 问

高品质学校建设的区域推进策略是什么？

区域推进高品质学校建设的最大特点与优势在于由政府部门牵头，改革广度、深度、力度大。区域推进高品质学校建设除了要发挥好教育部门自身的能动作用，还要发挥好党委政府"把方向、搭平台、建机制"的作用，以高标准设计为基础、高效能治理为保障、高质量项目为关键，在系统推进、螺旋上升中实现动态均衡。

第一，以高标准设计为基础，营造高品质学校育人场景。从区域层面进行整体的设计，旨在帮助各校深入解读党和国家教育方针、政策，精准把握自身发展中出现的问题，明确"为什么要建设""怎么建设""建成什么样"的问题。"全方位"的整体设计包括：设计高品质学校"样态"，设计高品质学校建设的目标、内容、阶段以及行动与评价等。为此，应采用以下办法：一是"顶天立地"的设计思维。"顶天"就是对党和国家教育方针、政策的深入解读；"立地"就是对区域和学校现状展开"全面体检"，从而找准问题。以"顶天立地"的思维，勾勒出区域高品质学校建设愿景图，形成"高品质学校群"，以高品质学校建设推动全域教育品质的提升。二是"上下联动"的设计流程。即通过几轮的"自上而下＋自下而上"发力，整合教育行政领导、校园长、教师、学生、家长、教育专家及社会各界人士的力量参与调研、论证与设计。基本流程是"自上而下、顶层设计→自下而上、收集意见→形成共识、确定目标→制订方案、一校一品→专家进校、项目论证"。三是"分层分步"的设计原则。高品质学校建设涉及全区所有学校，包括幼儿园、义务教育学校、普高、职高、特殊教育学校。根据学校的基础条件和办学水平，将全区学校分为高品质学校、特色学校、标准化学校三个层次，分类设定建设指标，分步达到高品质目标。

第二，以高效能机制为保障，构建高品质学校育人生态。以区委、区政府的力量，构建利于学校、教师、学生发展的机制体制，为高品质学校的建设提供多维保障。一是经费保障。持续加大对学校建设和改扩建等的投资，确保教育教学设施的完善，全面提档升级各校办学条件，使城市学生和农村学生享有同样优质的教育资源。二是政策保障。研究出台"高品质学校建设"相关政策文件。这些政策和制度的保障，为高品质学校建设营造良好的政策生态环境。三是人才保障。可以优化完善教师补充机制，用"笔试、面试、考核"相结合的办法，从优秀大学生中招录教师，重点向薄弱学科和乡村学校倾斜；建立城乡和片区内教师合理流动机制，切实强化村小教师配备，优化教师结构。

第三，以高质量项目为关键点，撬动高品质学校育人整合。高品质学校的建设，需要具体的抓手，才能从根本上提升学校品质。各区域可以通过对全区各校进行全面的体检，找准学校高品质建设的难点，着力打造几大重点项目，各项目各有侧重又融为一体，避免单打独斗，各自为政。

在项目融合过程中，还可以参考如下几种做法：

第一，跨领域专家问题共研。学校改革当中的问题往往不是学校内部可以解决的，需要融合多方面的力量。研究与实践要结合教育行政部门、教科研机构、高校、中小学幼儿园等多方力量，在关键问题上从多个角度展开讨论，从而撬动区域教育行政决策、教育科研突破、教育改革指导、学校改革创新等多方面共同发力，形成学校改革的积极氛围和良好生态。

第二，跨学段学校理念互通。打破幼儿园、小学、初中、高中之间相对割裂，各自聚焦学段内问题的改革格局，在理清各学段改革重难点的基础上，通过共同研讨，对共性问题达成共识，为学段特有的问题提供研究视角，从而明确方向一致的改革理念，搭建沟通顺畅的话语体系，形成互相协同的解决方案。

第三，跨区域学校经验交流。学校是教育和教育改革最基本的单位，学校改革要牢牢抓住学校这个主体和重心，搭建可以交流研讨的平台，打造交互式学习生态。可依托省内"教育教学改革研究共同体"定期开展活动，汇聚城市学校、城镇学校和乡村学校改革中的经验和问题，凝聚共识，并依靠优秀成员单位的辐射作用，促进省域学校改革理念整体更新。

第 14 问

高品质学校建设的学校实践策略是什么？

通过几年的探索与实践，我们总结出了学校高品质建设的"五个步骤"。这些步骤是高品质学校建设的关键步骤，并不需要依次进行每一个步骤，每个学校可以根据自己的校情酌情选择实施。

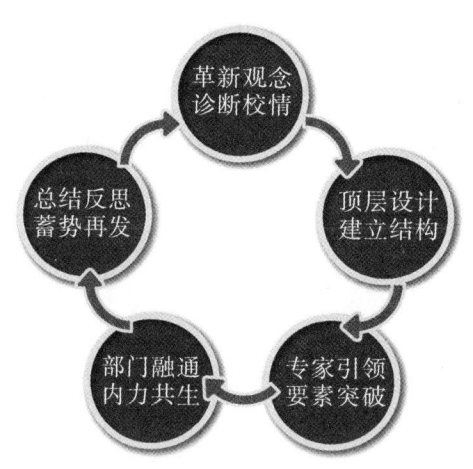

图 14　高品质学校建设"五步循环"实践策略

步骤一：革新观念，诊断校情。学校要立足"培养什么样的人""为谁培养人""怎样培养人"的问题，积极学习高品质学校建设的相关政策、教育规律、教育理论，不断转变观念，对照建设重点，根据自身改革发展情况进行诊断，总结在新时代发展中的优势、劣势，梳理校情。

步骤二：顶层设计，建立结构。根据自身办学实际，学校要扬长补短，明确学校的品质建设重点，确定学校的办学理念、教育目标，顶层设计学校的改革方案；将理念目标落地到学校的课程表达中,设计学校的课程方案;进一步制订课堂教学改革方案,将新的理念目标深入到课堂教学中,由此形成学校系统发展的结构改革方案,切实提高学校发展的品质。

步骤三:专家引领,要素突破。学校可聘请专家对方案进行讨论,论证方案的可行性、科学性、创新性等问题,并围绕提炼提升优势项目、克服解决突出问题、着力补齐品质短板三大方面开展工作,着眼于学校建设的核心问题,积极吸纳教师的意见,有针对性地确定学校品质建设重点,修订完善方案,形成学校整体的结构性改革系统,明确保障机制和时间表、任务书。

步骤四:部门融通,内力共生。学校要根据高品质学校建设的改革方案,做好部门融通工作,必要时进行体制机制改革,定岗定员,采用激励机制激发全校教职员工的内生发展动力,高质量完成预定的各项建设任务,着力推进高品质学校建设,提升学校品质。

步骤五:总结反思,蓄势再发。学校要重点针对建设中的各项问题与顽瘴痼疾不断总结,提炼建设实践中的典型经验,进一步优化高品质学校建设的实施方案和实践策略。根据高品质学校建设螺旋上升的规律,学校要按照更高的标准,促进品质的不断提升。

第 15 问

高品质幼儿园建设的学段策略是什么？

以"高品质"的理念观照幼儿园的历史沿革、当下实践和未来图景，从名优幼儿园的改革发展中理解高品质幼儿园的理想样态，可以发现，高品质幼儿园的品位与质量具有协调性、可持续性的发展特点。一方面，幼儿园的实践同时兼具较高的品位和质量；另一方面，品位提升的要求和质量落实的行动互相促进，使幼儿园不断进步。具体而言，高品质幼儿园具有内生发展的文化、多元融合的课程、专业自觉的教师、实践理性的科研、幼儿视野的环境、协同共育的家庭、品质成长的幼儿七个方面的典型特征。

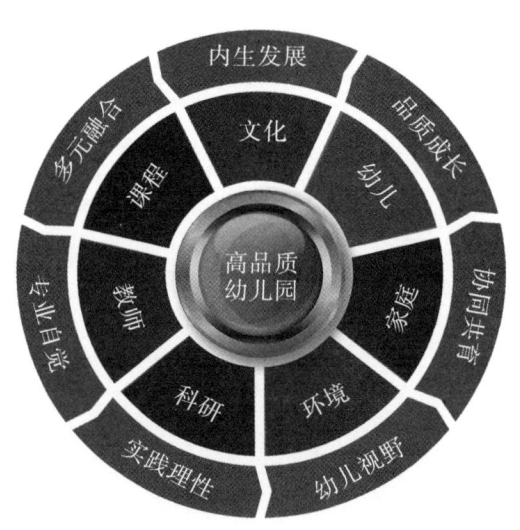

图15 高品质幼儿园建设七大要点

高品质幼儿园在文化、课程、教师、科研、环境、家长、幼儿七个方面的基本特征互有联系，相辅相成。因而要实现幼儿园的高品质发展，必须要把办园、保教看作一个整体，综合地考量，统筹地推进。从发展的规划到实践的落地，有五个环节应发挥关键作用：

一是愿景先行。对于幼儿园而言，"走向高品质"是一个通用的愿景表达，它还很抽象。幼儿园树立愿景一定要进一步做园本的提炼，要做到"抬头看天，低头看路"。一方面，应结合国家学前教育方针政策的园本理解具体化使命；另一方面，也要结合园本实际，根据地方文化、幼儿发展程度、教师能力水平、资源设施配备等情况规划路径。同时，共同愿景的确定也要"与具体的'个人愿景'结缘"，才能产生持久的动力。

二是系统规划。有了明确的愿景，进行系统规划的关键其实在于协调，具体表现为两个方面：一是细化权责，协调好人与人、人与事之间的关系，避免"有人没事做，有事没人管"或"令出多门""越级管理"等问题；二是明确要求，协调好事与事、事与时之间的关系，统一工作标准，提高工作衔接的效率，有序推进工作的开展。

三是素养提升。提升队伍素养最主要的途径是园本研修。开展园本研修，一方面应该聚焦实践中的问题，共享探索经验，寻求破解之策，从而提升教学智慧与保育水平；另一方面，幼儿园须着力加强政策研究与理论学习，尤其要深入研究《指南 3-6 岁儿童学习与发展指南》《幼儿园工作规程》《幼儿园教育指导纲要试行》等对幼儿园具有直接指导意义的文件，深刻理解学前教育理论中保育、游戏、课程等基础概念，熟悉幼儿身心发展规律，对幼儿园的改革发展和常规的保育工作有科学的、框架性的认识，为理念的更新和优化奠定坚实的基础。

四是多元参与。幼儿园改革发展的多元参与可以分为几个层次，第一层是幼儿园行为主体的全员参与，即园长要给管理干部和教师赋权、赋能，建立民主且高效的管理机制；第二层是幼儿园物理空间之内的集体参与，即幼儿园要尊重儿童发展的需要，给儿童创造参与幼儿园文化建设、环境创设、活动开展等的机会；第三层是幼儿园利益相关方的共同治理，包括幼儿园应保持与政府各部门的积极沟通，组建好家委会并切实发挥其作用；第四层是幼儿园专业相关方的配合支持，包括幼儿园应积极寻求家长、社区的参与，积极用好各类场馆公共资源，丰富办园的资源，优化保教工作等。

五是动态管理。时代在发展，环境在变化，人才在流动，孩子在成长，幼儿园改革发展中的大事小情都须与时俱进、因地制宜、因人而异。他人的成功不可复制，昨日的辉煌同样不会重演，正如同船在海上航行，只有随时调整风帆，才能保持平稳前行。

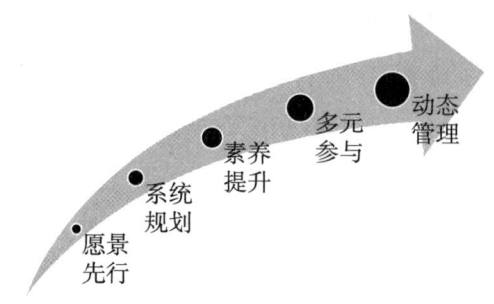

图 16　高品质幼儿园建设的五个环节

例如，成都市第十六幼儿园聚焦高品质幼儿园建设过程中的困境并进行分析研究，理清了高品质幼儿园的概念，并从幼儿园文化、课程、教师、科研、环境、家庭、幼儿七个方面就高品质幼儿园的建设难题进行分析，梳理出了幼儿园文化建设落地生根难、幼儿园课程系统建构难、幼儿园教师专业提升难、幼儿园科研高效增益难、幼儿园环境儿童本位难、幼儿园家长高效同行难、幼儿品质成长难七大困境。

依托总课题的研究基础，各研究单位以"点面结合，全域联动""抱团研讨，协同共赢"的研究模式，认清困境，由表及里，深入剖析原因，探索出了高品质幼儿园建设的方法与路径：一是坚持幼儿首位，使幼儿园的教育目标与教育对象的特质相适应，实现幼儿园教育基于幼儿、源于幼儿、激发幼儿、成就幼儿的愿景；二是提升教师专业素养，将教师发展放在第一位，把握教师发展、成长的核心因素和关键因素，通过关注教师、赞同教师、情系教师、引导教师，让教师对幼儿教育有更强大的心灵、专业和伦理的支撑；三是构建高品质课程，通过有计划性、有目的性的设计，让课程有生活基点、有过程性、有互动感，追随幼儿的兴趣和需要，让幼儿园课程成为幼儿获得有益经验的一切活动；四是创设高品质环境，硬件环境体现外显性，幼儿与环境相互作用的过程体现内隐性，高品质幼儿园环境能向幼儿发出无声的邀请，让幼儿感受到自己的力量，让幼儿看见自己生活学习的轨迹，在外显环境符合相关要求的基础上追求高质量的内隐价值。

第 16 问

高品质小学建设的学段策略是什么？

高品质小学要准确把握教育本质规律和时代发展要求，以立德树人为根本目标，以"培养人、完善人、成全人"为价值追求，以精神品格、智慧品相、实践品位为办学样态，体现生长性、个性化、前瞻性三大特征。小学要实现高品质的发展，有以下七条路径：

一是构建本真、和谐、共生、持续的生态校园文化。首先要通过追根溯源、认识自我和扎根实际确立校园文化主题，然后通过顶层设计和借鉴创新确立建设思路，最后具体实施，打造高品质的校园文化。

二是从学校管理走向学校治理。必须坚持法治性、民主性、自主性、开放性、激励性和创新性六大原则，建设价值共同体和发展协同体，创新管理机制，营造生态管理环境，发挥评价激扬的作用。

三是落实立德树人的德育创新。首先要探索校本化德育目标，其次创新德育内容，然后要聚合教师、家长和学生的德育力量，创新德育评价的内容、标准、方式，并营造育人氛围浓厚的校园文化和班级文化。

四是教师转变视角，实现自我发展。高品质学校的教师是"四有"好老师，学校培养教师要坚持自主性原则、开放性原则、发展性原则、激励性原则，唤醒教师发展的内驱力，促进教师确定发展目标并进行探索，通过改革评价和创新机制为教师发展提供有力保障。

五是建设高品质的课程，给学生成长的机会。课程机会来源于整合、选择和评价。整合即整合国家、地方、学校三级课程，整合学科、综合、活动三类课程，以及整合长短课时；选择即学校、教师和学生合理地选择课程；评价即从课程要素的完整性、课程目标的适应性、课程内容的丰富性、课程结构的科学性、课程评价的发展性五个方面开展。

六是让课堂焕发生命的活力。高品质课堂应具有生活性、发展性和生命性的价值追求，以"生本"为教学理念，教学设计突出变化性、新颖性和实用性，创新教学方法和评价策略，启发学生的积极性、主动性和创新思维。

七是通过发展性评价实现学生全面而有个性地发展。首先要建立促进学生全面而有个性地发展的目标体系，其次要让教师、学生、家长甚至社会参与到评价中，在过程中采取多元评价方法，重视和强化评价的正效应，运用现代教育技术，最后多样化呈现和运用评价结果。

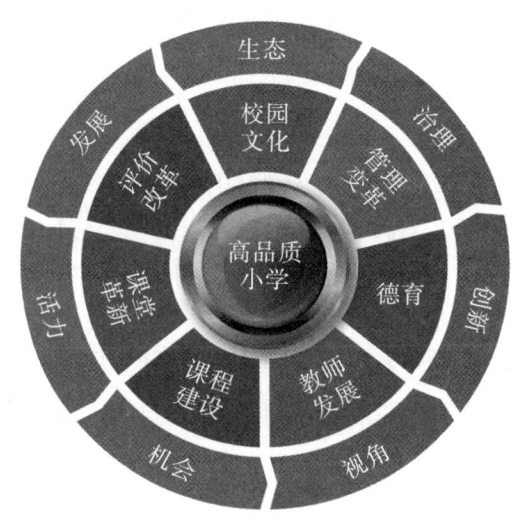

图 17　高品质小学建设七大路径

例如，四川大学附属实验小学（以下简称川大附小）从高品质学校理念出发，以学校文化的重构贯穿学校改革的方方面面，针对学校教育普遍存在的"远离和缺乏对儿童真实、现实生活的观照"的问题，构建基于儿童真实成长的现代生活教育文化体系，凝练了"培育文化是现代学校发展的重要责任""引领学生真实成长是新时代学校教育的重要使命""真实成长的内涵与过程""真实成长的识别与评价""现代生活教育文化助推儿童'真实成长'""课程是实施现代生活教育的基本途径"六大理论认识；通过立足儿童真实的时代选择、发展需求、生活情境、学习过程，形成了基于儿童真实成长所需的文化系统、课程目标、课程内容体系与实施途径和评价体系四大操作成果；实施了"重构一个文化体系""建设一个管理构架""改革一个组织系统""聚焦一种环境改造""移植一个文化生态"五大改革措施，结构性地撬动了全校整体的改革推进，形成了协同有序的改革态势。

在课题研究下，川大附小进一步明确了教育发展目标和促进儿童全面而有个性地真实发展成长的策略，对学校文化、课程、队伍、治理等进行系统性认知重构，逐步丰富和完善学校现代生活教育的思想与内涵，形成学校教育文化哲学系统，并逐渐落实展开。近几年来，川大附小以"发展与品质并重，内涵与形象共生"为宗旨，在不断促进学校教育文化的生命张力以及文化个性品质向上向好发展的同时，形成了一种社会共识与广泛赞誉。未来，川大附小教育集团基于集团化办学的优势成果，将进一步探索"同行、同向、高质、个性"的集团高品质发展新机制，实现"发展与品质并重、内涵与形象共生"的高品质发展。

第 17 问

高品质中学建设的学段策略是什么？

高品质中学的建设是品位、品格、品相、品牌"四品"联动的结果。品位是指在一定的价值观和方法论指引下的办学理念，是高品质学校的发展灵魂。品格是指充分体现师生思维方式和行为方式的教育教学活动，是高品质学校的内在支撑。品相是指由师生精神气质和外在表现为主要内容的学校气质，是高品质学校的外在魅力。品牌是指提升学校自我认知和外部声誉的形象塑造，是高品质学校的信誉影响。联动之时，"四品"又要遵循各自的原则，践行各自的策略。

图 18　高品质中学建设"四品联动"策略

第一，高品质学校品位建设要以培养全面发展且具有社会主义觉悟的"能够担当民族复兴大任的时代新人"为学校育人目标，遵循教育本质和教育规律，在科学的教育观指引下，构建"五育"并举的课程体系，以核心素养培育和深度学习变革课堂教学，切实构建高品质文化体系，分析教学实践中存在的困难及原因，深刻认识学校内源性的影响因素，明确学校高品质发展路径，优化学科课程体系、教学方式、德育实践、教师培养路径、管理策略等，以促进学校的高品质发展。

第二，高品质学校品格建设要坚持文化引领，构建科学民主的管理体系；全面发展，构建"五育"并举的课程体系；着眼于生长，构建素养培育的学科课堂；突出关键，建设德高艺精的教师队伍。

第三，高品质学校品相建设要尽力使天、地、人、性、理、心统一于高品质学校文化，并与学校建筑、环境、景致等相融，以化育人性，建构符合美学意义的学校"物相"和"人相"。

第四，高品质学校的品牌建设要做深"学校文化"这一品牌灵魂之根，做实"管理服务"这一品牌运行之基，做优"师资队伍"这一品牌支持之柱，做强"课程课堂"这一品牌质量之干，做活"宣传展示"这一品牌提升之术。学校品牌的运营，要从特色、内涵、认同三个要害发力，使学校品牌有个性、有美感、有力度；要处理好传承坚守与创新发展、内生积淀与着力打造、质量监测与风险防控、正面宣扬与危机化解四对关系，努力提升学校品牌的知名度、美誉度和忠诚度。

例如，成都七中育才学校（水井坊校区）以通过课堂变革促进高品质学校建设的必要性、重要性、迫切性为前提，以"高品质学校"和"深度学习"为关键词，提炼了"理念先进、互动深度、结构开放、内生成长、结果优质"高品质学校五大特征；确定了"品相、品位、品格、品牌"四个方面的学校样态；梳理了文化、课程、课堂、德育、队伍建设、学校管理、后勤保障七大关键维度。成都七中育才学校（水井坊校区）在理解深度学习内涵的基础上，明确一个目标，建立两个前提，开发三个工具，优化四个环节，通过创新解读学科核心素养、以学科大概念为核心进行整合、逆向设计教学活动、进行多元教学评价等实施策略，基本确立了促进学用合一的问题解决深度教学模式，并通过促进整体生成的核心统整教学、促进深度建构的高阶思维教学、促进融合创生的综合实践教学等教学策略，诠释了高品质学校课堂的基本样态。

基于以上理论成果的积淀，成都七中育才学校（水井坊校区）发布了"着眼于高品质学校建设的深度教学模式"的实践成果：

一是构建了高品质学校的资源基础。成都七中育才学校（水井坊校区）坚持以人为本、以学生最优发展为本的课程理念，建构现代化的多元课程体系，建立学校课程六大模块，培养学生发展六大素养，构建了特色学科课程体系；从未来课堂的硬件和软件环境构建两个方面入手，探讨了高品质课堂以深度教学为目标的丰富、多样、灵活的环境建设。

二是搭建了高品质学校课堂教学的实践框架。在学科课堂教学中，学生主要通过知识的构建过程来获得学科核心素养。成都七中育才学校（水井坊校区）通过聚焦与分层的目标设计，整改合一的内容选择，学用合一的基本思路，"习题式、课题式、项目式"三式合一的教学模式，从核心统整到综合实践的策略研究，整体、动态与联系的学习评价六大模块整合出了高品质学校课堂教学的实践框架体系。

三是推出了高品质学校课堂教学的案例研究。在对成都七中育才学校（水井坊校区）"着眼于高品质学校建设的课堂变革实践研究"进行充分理论论述的基础上，从实践出发，进行了课堂教学变革的研究，从实际操作的层面，分学科内深度整合、跨学科深度整合和超学科深度整合三种类别，为广大教育工作者提供可借鉴的着眼于高品质学校建设的深度学习实践案例。

高品质学校的实践探索是成都七中育才学校（水井坊校区）二十多年发展历程中的又一新的突破、新的起点。学校面对时代发展的瞬息万变，面对国家对教育提出的更高要求，确立"办高品质的学校"的目标，通过自上而下的引领、自下而上的研究，就"高品质"研究形成了一个完整的闭环，渗透到文化、教育、教学、管理、队伍建设的方方面面，从学生全面发展、教师专业成长、课堂纵深推进、办学成就显著四个方面彰显高品质，学校办学特色日趋显著。"高品质学校建设"已然成为成都七中育才学校（水井坊校区）又一张亮丽的名片，彰显出优质和特色。

第 18 问

高品质学校建设的评价指标是什么？

一、高品质学校建设的诊断评价要遵循新理念

（一）落实综合评价

高品质学校建设应是品位提升与质量落实双螺旋推进的结果，是学校办学各要素协同配合的结构性改革。其评价要体现知行合一，目标、过程与结果统一的原则，一是要考察学校的政策理解、发展规划与教育教学的匹配度，二是要考察学校文化理念、培养目标、课程设置、课堂教学、教学评价等方面的表达、制度、标准的协同度，三是要考察学校各项工作重大决策、常规管理与监测诊断的融合度。

（二）强化过程评价

高品质学校建设要尊重学校的现实基础和实际问题，鼓励发展但不主张"揠苗助长"，发挥评价的认识功能，既要表彰先进，发扬成功经验，又要诊断进程，发现实践问题，通过评价深化理解，指导实践，推进改革。

（三）关注增值评价

"高品质"是一种追求，它不问"起点"，也无关乎"终点"，因而高品质学校建设是一个不断发展、追求高远的过程。对高品质学校建设的评价要着眼于增值，要把握学校发展态势，不以某一方面的暂时成绩论英雄，而要以先进的理念和科学的规律引领发展。

（四）动态管理结果

学校建设不是一成不变的，高品质学校建设必须与时俱进，因地制宜。高品质学

校建设有共同的规律可循,但没有唯一的标准,高品质学校建设的情况需要持续评估,动态管理。

二、高品质学校建设的诊断评价量标

依据"改进结果评价、强化过程评价、探索增值评价、健全综合评价"的基本原则,课题组开发了高品质学校评价量标,从高品位和高质量两个大的方面对学校办学的具体工作及其表现进行了细分,为高品质学校建设的指导和评估提供了参照。具体指标如表2所示。

表2 高品质学校建设诊断评价量标

一级指标	二级指标	评审要点	赋分建议
A1. 高品位	B1. 党建指引	C1. 党全面领导学校工作以及党建带团建队建的执行情况	3
		C2. 近三年新发展党员情况以及党员示范作用发挥情况	2
	B2. 方针贯彻	C3. 立德树人根本任务的落实情况	3
		C4. 办学方向、育人理念、课程建设、教学改革、评价导向的一致性	2
	B3. 章程统领	C5. 学校章程的科学性、适宜性、可行性	2
		C6. 学校章程条款的执行率超过90%	2
	B4. 文化融合	C7. 学校精神文化、制度文化、行为文化、环境文化高度一致,深入人心,师生精神面貌与行为状态良好	3
		C8. 学校文化特色鲜明,办学理念和"一训三风"以及校歌、校徽、校旗等文化标识深入人心	3
	B5. 规划达成	C9. 学校发展规划科学务实,符合新时代国家要求和自身发展实际	3
		C10. 学校规划实施与目标达成度超过90%	3
	B6. 民主治理	C11. 教代会、工会、学术委员会、家委会等组织健全、履职到位,校务公开、民主决策等落实到位	2
		C12. 校长民主治理学校的满意度不低于80%	2
	B7. 以人为本	C13. 充分尊重师生,着力解决师生最关心的问题,为师生成长创设良好的条件和环境	2
		C14. 学校干群关系、师生关系和谐融洽、积极向上	2

续表

一级指标	二级指标	评审要点	赋分建议
A1. 高品位	B8. 因材施教	C15. 有适合不同学生发展的学科教学难度、进度安排，有差异化教学和个别化指导的优秀经验，有实施课程改革、提高教学效果的具体做法和成功案例	3
		C16. 因地制宜建立学生社团或兴趣小组，学生参与社团或兴趣小组的比率不低于90%	2
	B9. 低负高效	C17. 学生作业设置水平高，分层设计、内容和形式有创新。教师不得要求家长批改作业，家庭作业量符合相关规定	2
		C18. 课堂教学效率高，有提高学生学习主动性和积极性的具体做法和成功案例	2
	B10. 身心健康	C19. 学校"每天锻炼一小时"活动开展到位，体育活动丰富，学生体质健康检测优良率达50%以上，近视率呈递减态势	3
		C20. 建立心理辅导室，配备并培训心理健康教师，开设心理健康课程，确保师生心理健康	2
A2. 高质量	B11. 课程建设	C21. 开足开齐开好国家课程，积极探索国家课程校本化实施方略，有效开展地方课程教学，科学构建基于学校办学理念和特色的校本课程的路径方法，有加强课程整合的成功案例	3
		C22. 落实立德树人，深化"五育"融合，重视劳动实践场所的建设与使用，强化综合素质培养	3
	B12. 课堂教学	C23. 教学设计与实施"以学生为中心"，做到课前、课中、课后一体化，学生全员全程积极有效参与，开展多种形式的赛课活动，彰显学科育人价值	3
		C24. 注重启发式、讨论式、合作式等教学方式，基于大概念开展项目化、任务群、大单元等教学实验	3
	B13. 智慧教育	C25. 高质量建设智能化校园，规划建设智慧校园一体化平台，选课排课系统、电子班牌、多媒体一体机等硬件设备到位，网络带宽充足，官方网站、微信公众号等运行状况良好	2
		C26. 规划建设"教育＋互联网"，拥有和运用"四川云教"等教学资源，有线上线下教育融合发展的具体做法和典型案例，师生信息化素养高	2
	B14. 教研科研	C27. 校本教研主题明确，做到常态化、效能高、效益好，有研修活动的有效模式与成功案例	2
		C28. 近三年有市级以上科研课题，教师参与各级各类课题占比不低于30%，成果应用推广效果好	2
	B15. 示范辐射	C29. 各项工作在当地乃至全省具有示范性，得到党和政府的认可和表彰，在省级及以上官方媒体和教育专业报刊中有宣传报道	3
		C30. 在教育扶贫、集团化办学、学区制管理、区域教改试验项目等方面作用发挥好，积极承担示范与辐射任务，带动一批学校协同发展、共同进步	2

续表

一级指标	二级指标	评审要点	赋分建议
A2. 高质量	B16. 学生发展	C31. 学生全面而有个性地发展，学生综合素质评价工作真实开展的比例达100%，综合素质评价合格率达100%，优秀率高，学生掌握1~2项运动技能和学会1~2项艺术技能	3
		C32. 学生毕业合格率达100%，控辍效果好，学生对自己在校成长满意率高，学生发展潜质好，学习能力强，积极参与社会实践与志愿服务	3
	B17. 校长发展	C33. 校长有较强管理能力和课程领导力，每学期听课评课40次以上，积极支持并参加名师名校长工作室领衔人及成员、学员的工作，工作富有成效	2
		C34. 校长办学经验和成果在市级以上层面有交流、获奖、发表，有带队伍、抓改革、提质量的成功经验	2
	B18. 教师发展	C35. 教师师德高尚，尊重每一个学生，教育教学实效高，荣誉感和幸福感强，"四有"好老师的典型事迹多	3
		C36. 爱岗敬业，积极参加教师学习共同体（校本教研）的活动，如期完成个人和团队教师专业发展目标，家长和学生满意率高	3
	B19. 家长发展	C37. 积极参与家长学校的培训交流活动，家庭教育能力增强，家庭学习氛围好	2
		C38. 积极参与家校合作活动，家校协同育人意识增强，家长配合教师共同研制和实施学生成长计划	2
	B20. 学校发展	C39. 办学质量高，特色与成效显著，教育生态良好	4
		C40. 学校知名度、美誉度高，社会满意度不低于80%	3

备注：高品质学校建设20个诊断指标，每个指标各2个监测点，一共40个监测点，根据指标权重赋分，合计100分。

第五章
实践的图景

第 19 问

高品质学校改革与其他教育改革主张有何共识？

2020年12月，四川"高品质学校建设的探索与实践"课题从全国54个项目中脱颖而出，经过网上初评、在线遴选、现场答辩等环节，走上了中国首届基础教育论坛暨中国教育学会第三十三届学术年会微论坛。

在论坛上，"新样态学校"改革的发起人陈如平主任、"新基础教育"改革的有力推动者李政涛教授、"高品质学校"改革的发起人刘涛院长，开展了碰撞智慧、精彩纷呈的三方对话。此次论坛现场参加研讨200余人，在线观摩68余万人。四川省教育厅崔昌宏副厅长到会推介改革经验，著名专家宋乃庆、成尚荣、褚宏启、沙培宁、王磊、颜莹到会指导。会议之后，话题持续发酵，中国教育学会官方微信公众号先后5次全文转载"高品质学校"的报道和文章。

会后，与会专家们共同达成并发布了发展中国特色优质基础教育改革的《南京共识》，引起教育同仁广泛共鸣。

殊途同归，共奔教育愿景

——"高品质学校建设的四川探索与实践"微论坛"三方对话"记录

论坛嘉宾：

陈如平　教育部发展研究中心副主任

李政涛　教育部人文社科重点研究基地华东师大基础教育改革与发展所所长、华东师大"生命·实践"教育学研究院院长

刘　涛　四川省教育科学研究院院长

论坛主持：

崔　勇　《教育科学论坛》主编

主持人： 今天，由陈如平主任、李政涛教授、刘涛院长三位进行的"高品质学校建设的四川探索与实践"微论坛"三方对话"，也是这次"首届中国基础教育论坛暨中国教育学会第三十三次学术年会"的一大亮点。此次对话一共涉及三个话题。第一个话题：请每一位专家用两三句话阐述自己主持的改革实验的核心观点。下面，先请新样态学校的发起人陈如平主任，掌声有请！

陈如平： 谢谢主持人，也特别感谢教育学会和四川省教科院给我这个机会与大家交流新样态学校。新样态学校是我在2016年4月提出来的，至今已有4年左右的时间了。我一直把新样态学校界定为基于文化内生、推动学校内生式发展的学校系统创新。可以用几句话概括改革实验：第一句话是打造"有人性、有温度、有故事、有美感"的新样态学校；第二句话是关于"三个样"的核心理念，即"学校要有学校样，一所学校一个样，校校都有自己样"；第三句话是提出了"全面育人，文化内生，课程再造，整体建构"四大基本主张，这中间的核心主张就是"文化内生"。

主持人： 大家都知道，在前几届中国教育学会学术年会上，众专家也在会上对新样态学校做了很多交流，我们四川也有不少的学校在跟随着新样态学校进行改革，提升学校的育人质量。下面请刘涛院长与大家分享高品质学校建设的核心主张和观点。

刘涛： 高品质学校是高品位、高质量的学校，高品质学校的追求是营造最适合师生教育情境和发展需求的学校，高品质学校主张建设全人、全纳、共生、共赢的学校。

主持人： 新基础教育实验领航人李政涛教授在昨天的会上介绍了他主持的实验，我们还想再请他分享一下他的主张与观点。

李政涛： 我简要地说，新基础教育是以学校为单位的整体转型性变革，它是以"教天地人事，育生命自觉和成事成人"为核心价值取向，以关联式思维、整体融通式思维、综合渗透式思维等思维方式为追求，以理论与实践交互，以贴近深度介入式为基本研究方式的一项改革，它已经持续了26年。

主持人： 通过各位的分享，我们进一步了解到新基础教育的核心理念——"教天地人事，育生命自觉"；新样态学校的"四个有"——有人性、有温度、有故事、有美感；高品质学校建设的"双高"——高品位和高质量。第二个话题：这次全国的大会已经进行了一天半，我们在一天半的过程当中，肯定有很多思考，在此请问一下三位专家，对下一步的改革你们有什么思考？

陈如平：其实，这次首届中国基础教育论坛搭建了一个思想碰撞、经验分享，以及对未来如何进行研究的优质平台。所以，新样态学校下一步要做的工作可以用"四个更加关注"来进行概括。第一，更加关注育人的问题，特别是在落实立德树人，建立健全立德树人落实机制上面，要多做一些文章。第二，更加关注机制建设的问题，这中间又包括具体的一些路径，体制机制的一些探索，保障支撑体系建设相关的一些问题。第三，更加关注教育教学的方式方法问题，将"有教无类，因材施教"这一最高的教育境界落实在教育教学管理特别是全面、全员、全过程育人之中。第四，要更加关注技术手段，特别是信息技术手段和以人工智能为代表的现代化教育教学手段，将其运用于我们教育的场景之中。这"四个更加关注"是我认为未来应该思考和实践推进的内容。

刘涛：这次参加中国首届基础教育论坛收获颇多，这一次的主题是育人方式的变革，我认为高品质学校到了今天，必须要回答一个核心的问题——高品质学校的评价，评价是指挥棒，评价是方向盘，如果高品质学校只有主张没有具体的认定标准，那么高品质学校建设的难度很大。

我认为高品质学校评价的核心标准，就是学校立德树人根本任务的完成，以及学生全面而有个性地发展。高品质学校评价的重点，是学校理念的科学性、课程的多样性、教法的生本性、学生发展的特色性。评价的难点在哪里？高品质学校研究到今天，评价的难点有三个维度：第一个维度是学生如何打下深深的中国烙印；第二个维度是学生身心健康发展得如何，是不是实现了学校最适合的教育情境和学生自身的发展需要；第三个维度是品位的核心指标如何确定。品位跟质量二者的关系比较好讲，但是怎么衡量一所学校的品位，是未来高品质学校评价的一个很关键的难点。最后还有一点，评价量标体系的科学化，需要突出重点，但是一定不要太烦琐，要直接指向核心，解决评价的重点难点，不要给基层学校造成过多的负担。

李政涛：无论是参加这一次的基础教育论坛，还是这几年我到各地去学习，我都感受到目前大家普遍聚焦和回到了一些基本问题上。我的学科背景是教育基本理论，所以我对基本概念、基本问题特别敏感。作为新基础教育来讲，这些年我们非常关注三个基本问题，这三个基本问题在这次论坛和这几年的教育改革中都有不同程度的体现。但还有一个问题，是我认为本次论坛不应忽略的。

我先说几个共同关注的基本问题。第一个基本问题：教育与人的关系问题。我们都回到了育人，把育人真正作为教育教学的起点和原点。今天特别要处理好育分和育人的关系，过去要处理的是素质教育和应试教育的关系。在新时代我们更多关注的是育分中怎么育人，以育人来育分。为实现这个目标，我们团队特别注重研究人，就是读懂学生、读懂教师。教书育人的前提是要读懂人，要了解人，要研究人。所以在这个意义上，我们特别强调对人的研究和关注。此外就如刚才刘涛院长所说的，我们怎么去评价，怎么去评估这个人的成长发展到什么程度了，这是第一个基本问题。第二个基本问题：教育与社会的关系问题，包括家校社合作，包括教育治理的问题。怎么让家庭教育力、社会教育力、学校教育力在高品质学校建设当中实现融通整合，怎么发挥教育治理的力量，促进不同的主体和不同的要素发挥出教育的协同力，形成叶澜教授特别倡导的社会教育力，这是我们大家所特别关注的。我想，高品质学校建设同样不仅是学校自身的事业，而是全社会都要协同去配合，共同去促进的事业。第三个基本问题：教育与技术的关系问题。无论是信息技术、人工智能都提醒我们，技术已经成为今天我们的孩子、我们的教育无法逃避也无法逃离的一个成长环境因素，包括教育教学的环境因素。怎么在技术的时代技术背景之下更好地育人，不让技术变成妨碍成人、育人的工具？要让技术真正具有教育的正能量，发挥教育的力量。这是三个大家普遍关注的基本问题。

还有一个问题，我们这几年一直在探索，但是相对比较冷门：教育与自然的关系问题。现代科技文明让人越来越远离自然、疏离自然，越来越形成了对技术、对工具的依赖，失去了对自然的依赖和对自然的敬畏之心。而人是自然之子，所以我们倡导把育人安放到天地自然之中，回到自然里面去育人。因此我们有学校四季活动系列设计研究，又把二十四节气和课程建设打通，和课堂教学变革融通，和学校文化整合，让孩子的生命成长回到自然之中，处理好教育与自然的关系。这四个基本问题，每个时代都需要去探索，每个专题、每个领域，包括高品质学校建设，都值得努力探索。这些是我们目前的初步想法，仅供大家参考。

主持人：第三个问题，请三位专家站在自己的角度，对另外两个改革的样本提一点建议。

陈如平：其实这个环节还是有点意思，既要肯定自我，又要表扬他人，而且把这两者要统一起来，以此达到思想碰撞的目的，但更多的还是心灵的碰撞。我想，在我们三方教育实验中，有关学校发展的理论、发展的路径、发展的方式、发展的手段，都有它的独特之处，可毫无疑问地用"异曲同工""殊途同归"这两个成语来概括。刚才崔副厅长和刘涛院长在描述高品质学校建设时，我发现他们的初心就是"三个一"：办好每一所学校，教好每一个学生，成就每一位教师。我想，新样态学校其实也是保持着这么一种信念，努力去探究和创造美好教育生活的一个目标。关于新基础教育，叶澜教授提出这么一个概念，今天政涛教授继承衣钵，率领团队在更大的范围内来推动工作，同样都是为了追求一种更加美好的教育生活，创造一种更加美好的教育方式，让学校更好地发展。在这一点上，毫无疑问，我们的目标是一致的。

至于具体实践的时候，三者则有自己的导向加以区别。新基础教育，我认为更多的是一种理论和哲学的导向，高品质学校更多的是一种结果导向。那么，新样态学校是什么导向呢？它可能是文化的导向，在具体的操作上，新样态学校实际上有4个设计的点位。第一个是"原点"，是回到一所学校发展的原点来看学校发展的历史过程以及整个脉络。最后预期会走向哪里，这是新样态学校一直强调的。我们因此提出了"一所学校一个样"。这就是回答现实当中的一个问题——千校一面。千校一面是指我们用同一个标准、同一个模式、同一种方式来分析判断，甚至来评估一个学校，最终结果只能是丧失个性。我有一个基本的理论假设，正如在座的各位长相不一样，大家的行为性格以及自己的种种表现都不一样，原因何在？其实生物学家已经给出答案，叫基因。假如把学校看作是一个生命体，能否提出这么一个理论假设，今天的学校之所以呈现出不同的样态，是否存在文化基因或学校基因的差异？这是一个类似生物学意义上的问题。新样态学校其实就引入了文化基因的概念，试图解读、解码学校发展的路径方式以及最后呈现结果不一样的原因，这是一个点。

第二个点我们称之为"出发点"或者"立足点"。新样态学校特别强调育人，在具体操作过程当中，推崇每一所学校要自我设定自己的育人目标、培养规格，对此要做清晰的、具体的，甚至可视化的能够体现这种场景的描述。在这个问题上我特别赞同成尚荣先生一直强调的"素养校本化"的观点。我们在很多学校指导的时候，特别强调每一所学校要有自己的育人目标，把党的教育方针、对人的全面发展怎么规定、素质教育的一些要求、几个重点的一些归纳，包括核心素养的要求，通过"我"的一套逻辑、一套思维方式，概括为我们自己能接受、能认可、能够全面贯彻落实的学校目标。具体要回答"我"这个学校想要培养什么样的人，能培养出什么样的人，是否能真正培养出自己想要培养出来的人。我们所有工作就要围绕着自己的育人目标去展开，形成一套体系设计。

第三个点是"创新点"。我们特别强调学校的整体建构，其实新基础教育和高品质学校也强调结构，但是我这里是把学校的系统建构，尤其是教育体系的建构或者育人体系的建构，作为一个创新点来看待。所以你看这一点从哪来，又从基因出发，从基因里面抽取出与教育相关的东西来进行解读，然后结合学校的基础资源，以及我们各种各样的设想，架构成一个学校的结构，里面就包括了体系，体系里面有育人体系、课程体系、教学体系、管理体系和评价体系，形成这么一个系统。

第四个是"闪光点"或者"鲜亮点"。新样态学校其实向大家展现出来的是一个完整的、系统的、全面的架构，这种架构改变了以往碎片化的、点状式的，甚至分散的、零敲碎打的状态，而形成一种学校的集成创新、系统创新，形成这么一个结果。这种结果不是学校某一领域、某一方面、某一工作上的突破或者水平的提升，而是学校的整体办学育人水平的提升。因此，具体描述新样态学校的时候，不是说课程或者某个活动开展得好，而是这所学校它的方方面面得到了整体的、系统的、全面的"壮骨健身"，呈现出一种很强大而且充满着魅力的状态。

主持人：我再追问一个问题。假如我是名校长，应从文化导向上去选择新样态学校，还是应从理念上去选择新基础教育，或者应从目标上去选择高品质学校建设的思想和路径呢？

陈如平：这个问题很好解答。同样的病，但是可以吃不同的药，关键在于我们要把自己的问题摸清楚，把自己的基础条件搞清楚。这其中有一个很重要的条件，就是校长的水平。假如你自己个人的理论水平比较高，我建议去学新基础教育；假如你觉得非要借助外部的力量来推动和引领自己、帮助自己、提升自己，建议以高品质学校建设理念为指导；假如你更多习惯于或者是热衷于学校的内省和反思，建议采用新样态学校,因为新样态学校更多是要求眼睛朝内,不要管外面的,把自己的事情做好,做回真正的自己。

主持人:谢谢陈主任给的建议,下面请刘涛院长就刚才那个问题跟大家做分享。

刘涛:纵观新基础教育、新样态学校、高品质学校,我们的高品质学校建设从严格意义上讲,跟前两个根本不在一个平台。我们是在向新基础教育和新样态学校学习后得出的一些感悟,类似于徒弟向老师取经。

在高品质学校研究过程中,我们始终在思考:在非常美丽的改革愿景与现实办学中能否找到一个平衡点,让我们的基层学校便于操作、便于追求。就像国家提出了素质教育这个概念,到现在已经 20 多年了,但现在谁都不敢说自己已经达到素质教育的标准了。社会上有一种说法,认为中国不缺先进的教育理念,而缺教育实践操作。如平主任提出,新基础教育是从哲学的角度来讲的,新样态学校是从文化的角度来研究的,我在想,高品质学校永远走在向新基础教育和新样态学校学习的路上。我们不管举什么样的旗,评价都是基础教育未来发展回避不了的一个课题,否则,我们的工作永远就像哲学概念一样,始终是天边的白云,很难触及。

主持人:确实,高品质学校建设还在路上,我们是抱着学习的态度而来的。下面请政涛教授分享一下您的智慧。

李政涛:我们常常讲"条条大路通罗马",对我们三者来讲,"罗马"是什么呢?"罗马"就是我们国家的教育方针、我们的育人目标,我们三方走的是通向"罗马"的不同小路径。我觉得三个改革项目,用刘涛院长的话来说,叫"各美其美,美美与共"。我们也"和而不同",都是以自己的方式为中国基础教育改革做我们的贡献,这是一致的。这些年来,无论是我们如平主任的新样态学校,还是我们刘涛院长的高品质学校,我都从中学到了很多、感悟到了很多。从新样态学校里我确实体会到他们强烈的文化取向和如平主任这种更宏大的政策的视野。从高品质学校里我看到了非常强有力的推进实施的机制。刚才如平主任讲,机制特别重要,因为改革要落地要生根,没有机制是不行的,所以我们学到了很多。我接下来有一个建议,后面找时间我们三者就各自的取向、框架、哲学、政策、文化、机制等方面展开深入的对话和讨论,在对话讨论中明确各自的独特和不可替代之处,在对话讨论中实现相互学习、共生共长。

主持人:看到这个场景我非常感慨。学校的高品质发展和走向高品质,需要相互学习、相互借鉴才能够守正创新！最后，请每一位嘉宾用一句话来做总结。

陈如平：希望新样态学校为建设高质量教育体系再做出新的贡献。

刘涛：高品质学校的建设从头开启。

李政涛：在读懂时代、读懂学校、读懂师生、读懂自我中，做出属于我们这代人对中国教育的贡献。

主持人：谢谢三位嘉宾的分享！谢谢大家！

（根据首届中国基础教育论坛暨中国教育学会第三十三次学术年会"高品质学校建设的四川探索与实践"微论坛"三方对话"环节整理）

南京共识

第一条 高品质学校是高品位、高质量的学校，是能够坚持党的教育方针，遵循教育规律，营造最适合师生教育情境和发展需要，实现学生全面而有个性发展的学校。建设高品质学校，要体现学生本位、文化引领、整体联动、内外兼修、系统推进、评价导向等特点；要做到"顶天立地、符合规律、文化浸润、全面发展"。

第二条 "高品质学校"是四川省针对教育改革现实问题提出的，是四川省教育科学研究院联合各地各类学校，上下联动，共研共建，落实新时代国家教育工作根本任务的积极探索；是"十四五"期间建设高质量教育体系，构筑四川教育"鼎兴之路"，建设四川教育强省，贡献四川教育智慧的有效契机。

第三条 高品质学校建设不是标高示范，不是给名校和优生贴金。新时代的教育事业是指向优质均衡和充分的民生事业，任何学校都有建成高品质学校的机会，任何学生都有得到高品质教育的机会。

第四条 "新基础教育"倡导"教天地人事，育生命自觉"的价值追求，研究成果显著，目前进入改革新时期；"新样态学校"提出"有人性、有温度、有故事、有美感"的办学主张，实践成果丰富，具有普适意义；"高品质学校"倡导"高品位、高质量"的办学路径，改革在探索中前进。三种模式的改革，目标一致，殊途同归，都顺应了学校育人方式变革的国家要求，都在不同层面上助推新时代教育内涵优质高位均衡发展。

第五条 新时代教育改革发展要牢记"为党育人、为国育才"使命，坚持以人民为中心，紧紧围绕"建设高质量教育体系"这一目标，深刻把握国家近年来的政策要求，努力"办好每一所学校，教好每一个学生"，使学生从"有学上"到"上好学"。

第六条 新时代学校改革要指向民族初心，扎根中国大地办教育；学校改革要扩大视野，在担当民族复兴大任和立足实现第二个百年目标的定位下，树立新的追求，坚持立德树人，落实"五育"并举；学校改革要有文化自信，追求自觉的育人境界，充分体现以创新精神为核心的时代精神；学校改革要从顶层设计，抓住理念更新、课程重构、育人方式变革的主线，推动学校的整体变革，创新教育的体制机制。

第七条 各种类型的学校发展改革，体现了新时代对"好的教育"的追求。现代化背景下，"好的教育"要聚焦创新、合作，着力培养学生健康的身、聪明的脑、温暖的心和现代精神。"好的学校"要在育人理念、课程内容、教学方式、教育评价、教师队伍、教育管理等方面推进现代化，让师生过上现代化的生活，从而引领社会加速现代化的进程。

第八条 新时代基础教育优质发展必须处理好的4个关系。第一，"教育与人"的关系。要把育人作为教育教学的起点和原点，落实立德树人，处理好"育分"和"育人"的关系。第二，"教育与社会"的关系。要关注"家庭教育力、社会教育力、学校教育力"，在改革中实现三力融通、三力整合。第三，"教育与技术"的关系。推进"教育＋互联网"发展，促进信息技术与教育教学融合运用。第四，"教育与自然"的关系。倡导把育人安放到天地自然之中，让孩子的生命成长回到自然。

第九条 独行快，众行远。要树立利益共同体和命运共同体意识，学校和教科研机构之间要互为重要发展机遇、互为优先合作伙伴，联合攻关，协同创新，努力形成相互促进、相得益彰的合作共赢的新格局。

第 20 问

高品质学校改革的影响有哪些？

一、凝练"四川经验"，专家认可，学校响应

"高品质学校建设"依托四川省各级各类教育学术"共同体"的 520 余个成员单位，组织召开了 60 多场研讨会，联动学校 1200 余所，以主题讲座、微讲坛、校长论坛、课堂观摩研讨、学术沙龙等多种活动形式，整体推动跨区域、跨学段的学校改革探索，综合梳理了幼儿园、小学、中学、职业教育学校关于高品质学校建设的共性与个性，形成建设策略，凝练"四川经验"，得到学校的广泛认同和积极响应。

2020 年上半年，课题组在疫情期间开展"论坛大视野"网络研修活动，上千所学校、近 5 万人次自主参与了高品质学校建设研究。

"高品质学校建设"得到了国内 100 余位知名专家的肯定和指导。中国教育学会秘书处杨银付秘书长认为，习主席指出，"人民期盼更好的教育"，说明国家层面一直在推进高品质学校的建设，而四川的积极探索引领了全省中小学、幼儿园的高品质建设，创造了高品质学校建设的四川经验。

教育部发展研究中心陈如平副主任认为，"高品质学校建设"与党的十九大提出的"高质量发展"的总要求十分契合，可以看作是"高质量发展"总要求在教育方面，特别是学校发展方面的具体落实和扎实行动，是推动学校改革发展创新，提高办学育人水平的应有之举。四川的先行探索给全国更多地方推进高品质学校建设提供了可借鉴、可推广的经验与模式。

国家督学、原江苏省教科所所长成尚荣研究员认为，"高品质学校建设的探索和实

践"具有很高的价值,积极回应着国家高质量发展的时代要求,并将高品质学校建设自觉地纳入更高水平育人体系的构建,引导学校积极创造,深入研究立德树人根本任务在学校的切入口、生长点,探索实现方式,对不同类型的学校以及不同地区进行针对性指导,布局合理,格局很大,有利于全面提高质量和办学格调,形成了"四川经验"和"四川样本",在全国产生了积极影响。

华东师范大学李政涛教授专门发表的《"高品质学校建设"——基础教育改革的四川经验》一文认为,"四川'高品质学校建设'的改革立足社会转型下的基础教育学校改革问题,在'高品质教育'理念指导下,以课堂教学改革为基础,以学校转型发展为重点推进整体改革,它以'高品质教育、高品质学校、高品质课堂'为发展定位,不是一个点、一条线,或一个具体策略方法的变革,而是一场具有完整的框架意识和愿景导向的结构性变革"。

二、提供"四川样本",多元呈现,激发讨论

"高品质学校建设"在理论上坚持高位引领,系统构建高品质学校建设的理念框架。2017年,刘涛院长的重要论文《高品质学校的教育意蕴与建设路径》发表于《基础教育课程》,开启了高品质学校建设问题的学术讨论;2018年,阶段性成果《我国近四十年教育改革与实验典型经验综述》被人大书报资料《中小学教育》全文复印,与袁振国、裴娣娜、祁占勇等知名专家的文章共同被收录进"改革开放40年基础教育改革与发展"专栏;2020年5月,课题组在《人民教育》上发表《高品质学校建设的"四川样本"》一文,介绍了四川省以高品质学校建设推进教育改革的主张和经验;2020年11月,《中国教育报》发表《新时代基础教育改革的四川图景——四川省教科院全域推进高品质学校建设的实践探索》,全面反映了全省各级各类学校高品质学校建设的总体情况。

除此之外,"高品质学校建设的探索与实践"课题组还发表论文100余篇,从教育改革政策的集中梳理、学校发展规律的研究探索、名优学校改革经验的总结提炼等多个方面对高品质学校建设问题进行了较系统的研究,部分重要文章引起广泛关注和热烈讨论,其中10余篇被人大书报资料中心复印。四川"高品质学校建设"的理念在全国引起积极反响,课题组面向全国开展"高品质学校建设"论文评选活动,两个月内

收到征文 882 篇，足以看出研讨的热度。

基于不同学段研究的成果，课题组组织编写了四川"高品质学校建设的探索与实践"课题研究系列丛书，目前已出版 4 本，另有 2 本即将面市。丛书既呈现了高品质学校建设改革的理念，又探索了各个学段富有个性的建设方略，呈现了幼儿园的七大基本特征，小学的七大行动路径，中学的"四品"联动策略，共 520 个实践案例，70 余个改革样本。《走向高品质学校·幼儿园卷》于 2020 年 11 月被四川省委宣传部评选为 2020 年度十大"四川好书"之一，并于 2021 年 1 月入选"2020 年度文轩好书"名单。2021 年 4 月，本丛书荣获第三届中国西部地区优秀教育图书一等奖。丛书受到全省各级各类学校热烈欢迎，多个市县教育局、教研室、教科所，很多四川省名师名校长鼎兴工作室及学校组织研读活动，并展开深度讨论。

三、服务"四川决策"，区域推进，政府采纳

"高品质学校建设"逐步得到各级教育行政部门的关注。课题组扎实推进研究实践，高品质学校建设被列入四川省教科院六大重点项目，在全省范围内推广。成都、广安、宜宾等市教育局重视课题研究成果，以行政的力量推动区域高品质学校建设；先后有成都市金牛区、乐山市峨眉山市、泸州市江阳区、达州市通川区、遂宁市船山区、宜宾市翠屏区、绵阳市涪城区、南充市营山县等 20 余个地区的教育行政部门把"高品质建设"纳入党委政府新时代教育改革发展的规划部署，全域、全程推进学校改革，以"高品质学校"理念作为指导、管理、评估学校的理论依据和实践工具。

其中，泸州市江阳区着眼于教育的"公平与质量"主题，较早开展"全域品质教育"改革，推进"全域'活动式'德育、全域特色课程建设、全域师生阅读、全域艺体特长培养、全域研学与劳动实践、全域家校共育"等六大项目，成果显著。目前江阳区政府与华东师大基础教育研究所签署了《创建江阳区城乡一体化背景下的五育融合国家级示范区战略合作协议》，继续探索"五育并举，融合育人"理念下育人方式的变革，深度推进全域品质教育向更高层次迈进。

受成都市教育局委托，课题组研制了成都市"领航高中、特色高中、综合高中"的评估标准，并对成都市 65 所高中"三年优质特色发展项目"进行了验收。评估标准受到委托单位成都市教育局、评估单位成都大学的肯定，并得到评估专家和受评学校

的认可。

2020年12月22日，课题组向四川省教育厅专题汇报了高品质学校改革思路；12月25日，教育厅召开全省基础教育综合改革暨教学和德育工作会议，在全省推广高品质学校建设成果，正式将高品质学校建设纳入全省基础教育综合改革的"四个一"学校示范引领工程，明确提出计划用3年时间遴选建设1000所高品质义务教育学校，会后教育厅基教处会同教科院相关研究室和课题组研讨了"高品质学校"建设方案。在此次会议基础上，课题组研制出了四川省义务教育高品质学校评审标准，并进一步根据省教育厅的规划部署做好服务，助力全省教育改革决策和施策。随后，四川省人民政府发布《新时代深化改革推进基础教育高质量发展实施方案》，明确提出建设高品质示范高中。

四、助推"四川行动"，科研引领，深化改革

"高品质学校建设"在实践中研究，在研究中实践，面向全省推广。总课题组共组织有87个子课题，从不同学段、不同区域、不同视角、不同切入点展开研究，其中区域子课题3个、学前教育子课题21个、小学阶段子课题33个、中学阶段子课题26个、职业教育子课题4个。课题组通过征文、组稿、学术交流、专题讨论等形式，邀约校长、教师参与研究，撰写论文。通过研修学习和实践探索，一大批优秀的校长和教师快速成长，2019年四川省表彰的76名中小学校长中超过60%的校长来自课题组和"共同体"学校，2019年和2020年正高级教师评定中，参研校长和教师占比较高。

总课题组在研究过程中不断修订认识，完善理论，及时发布阶段性成果，给学校改革实践提供参考。子课题单位、"共同体"成员单位及其他关注课题研究的学校在改革中借鉴高品质学校理念，推进改革，预计涉及学校近千所，涵盖教师10余万人，学生达120万人以上。

课题组根据四川省教科院总体部署精准扶贫凉山州昭觉县大坝乡中心小学校，以高品质学校理念为学校进行"向善"文化体系的设计和建设，从文化、课程、教学等多个方面给学校提供了借鉴，协助学校完成了大坝乡中心校"向善教育"特色示范发展三年规划，推进了学校的品位提升和质量提高，给学校精神面貌带来很大改变，得到当地领导和学校班子、师生的高度认同。课题组还与灌州小学开展战略合作项目，

推动学校高品质建设，基于学校"尽责至善，和谐向美"的理念，构建了"善美教育"体系，为学校的改革提供了新的思路。

五、宣讲"四川故事"，扩大影响，引发共鸣

基于课题组的成果提炼和推广，四川省高品质学校建设研究和实践成效显著，省内多位领导专家支持、认可高品质学校理念，课题组积极展开对外交流和推广，虚心听取外界的意见，争取完善成果、推广应用。

2019年4月、9月，四川省教育科学研究院刘涛院长受邀分别在教育部全国教育科研工作会议和华东师范大学基础教育改革与发展研究所举办的"基础教育改革的中国经验、中国话语和中国道路"主题论坛上分享经验，介绍了高品质学校建设的基本情况，得到教育部领导的关注和认可。

2020年8月，全国新时代高品质学校建设线上线下学术研讨会在成都举行，10个省的校、园长到会交流，60余位专家现场指导，在线收看直播达242.8万人，线上评论、交流超过80万条，全国多家媒体竞相报道。此次大会被认为是新时代学校高品质建设的一座里程碑。

2020年12月，四川"高品质学校建设的探索与实践"课题走上中国首届基础教育论坛暨中国教育学会第三十三届学术年会微论坛。会上重点讨论了近年来四川省"高品质学校建设"的研究成果与实践经验，并展开"新基础教育、新样态学校、高品质学校"改革实验三方对话。此次论坛参加现场研讨200余人，在线学习68余万人。本次论坛标志着四川"高品质学校建设"研究走上了全国平台，得到专家和同仁的高度认可与期待。中国教育学会官方微信公众号高度关注，先后5次全文转载"高品质学校"的报道和文章。

此外，课题组还在重庆、深圳、江苏、浙江、上海、陕西、北京、南京等省市交流"高品质学校建设"的阶段性研究成果，与各地专家学者、校长教师展开深入交流。课题组在江苏省镇江市调研考察，与镇江市教师发展中心交流研讨，初步就高品质学校建设的推广和合作达成共识。

第二部分

专家视角

第一章
价值定位

建立高品质学校建设的方向感

成尚荣

国家督学、江苏省教科所原所长

高质量教育呼唤高品质学校建设。我们如何建立起高品质学校建设的方向感，找准行走路径？在此谈几个点。

唱响主旋律：无论是四川省的高品质学校建设，还是李政涛教授所介绍的新基础教育，还是如平先生提出的新样态学校，都是指向立德树人的，这是我们教育的主旋律。只有唱响"立德树人"的主旋律，指向中华民族育人的初心，才能够扎根中国大地办中国特色的教育。今天的新基础教育、新样态学校、四川省的高品质学校建设都是一种领唱者的身影，它们领唱是引领我们向更好的教育去发展，但是它们又是在合唱队当中诞生的，因为合唱队有它的主旋律，都是为了育人。我们从众多的合唱声中听到领唱者的旋律，看到了我们中国教育的希望，但是这是领唱者的旋律，要在合唱队当中共同生存。

彰显独特性：第二个想到中国文化中的一个著名的观点——"性相近，习相远"。大家发言都是在探寻教育的本质，寻找教育规律，但是又寻找教育的独特性。的确，共同性非常重要，不过细微的差别又让各种教育形成不同的特色，而不同的特色又指向它的"性相近"，因此"性相近，习相远"。中国化的表达让我们对今天的三个教育流派有了新的认识，至少有这样的状态，我觉得这是我们课程改革、基础教育改革中的一种民主精神。我们大家都在解放思想，都在通过教育科研来寻找教育的不同的模样，寻找好的教育、优质的教育，指向一个共同的主题，那就是要发展中国特色的优质的基础教育。

建构大格局：无论是哪种教育，更高水平的育人体系，一定要有更大的格局。这个格局第一是我们国家发展的战略全局进入了新时代，需要培养担当民族复兴大任的时代新人。第二是世界百年未有之大变局，我们四川省的高品质建设重在以一整个省域来深入地推进,放在这两个局当中来认识,我们就有更大的视野、更大的格局,也有更高的格调。同样的,新基础教育和新样态学校,都是在两个格局当中寻找我们新的格局,进而建构更大的格局。我们应该向成都七中学习,学什么?它把目光投向了国际,寻找国际上著名中学的共同的品质、品质的共性,寻找世界上著名中学这种品性的共同追求。这种大格局让我们学校发展有大的定位,有大的定位,才会有新的追求。

增强文化力:文化是办好教育和建设高品质学校的软实力,我们要追求文化上的进步。高品质教育、新基础教育、新样态学校,其实都是文化上的进步。所以,恩格斯讲,文化上的每一次进步都让我们向自由迈进一步、向创造迈进一步,这是最高境界。新样态学校正在内生的文化力量,其实就是文化上的进步,其特别重视美感,美感带来一种创造感,让我们进入一个审美的境界,获得审美的愉悦。

注重整体性:无论哪种教育,要有系统的整体结构性的变化。叶澜先生和李政涛教授的新基础教育,提出系统的整体改革,这个系统的整体改革是天地人事,其实是以人为核心的,因此新基础教育寻找的是育人之道,这有一个思维的变化,是系统思维、融通思维和渗透思维。政涛教授讲得非常好,这种思维的改变带来了理论和实践的互动,哲学的支撑特别的鲜明,也特别有力。所以无论哪一种改革,都应该在整体上下更大的功夫。四川省高品质教育的可贵之处就是省教育厅、省教科院做了一个整体的顶层设计,这是非常可贵的,值得我们学习。

强化创造力:我非常赞同刚才褚宏启教授的报告,在北京 101 中学我就听过他的报告,今天他又从不同的角度阐述了这个问题:我们培养学生的核心素养,当下要着力培养学生的创造精神。习近平总书记讲爱国主义情怀、社会责任感、创新精神和实践能力,其实他更想讲的是中国学生要有创新精神,要培养学生的创造性人格,破解西方的一些政客对中国的打压。我们只有通过培养学生的创新精神,才能破解卡脖子的问题。担当民族复兴大任的时代新人,必须要有创新精神,必须要有实践能力。刚才褚教授已经讲得很充分,尽管时间短,他是讲得非常的精准和深刻。

重构课程内容:为了推进高品质教育,为了发展中国特色的优质的基础教育,应该通过课程内容。教材已经摆在我们面前,课程标准也在修订之中。随着课程标准的修订,教材也要重新修订,这种重构内容,那就是要用大观念、大概念、大单元、大情境、大任务、大项目来推进学生的综合素养的培养，真正解放学生，这样才能真正减轻学生负担。从重构课程内容角度来看，我们减轻学生过重课业负担，应该走一条新路。

变革育人方式：理念有了，课程内容变革了，我们也站到前沿去了，有了很好的定位，但是育人方式一定要变。育人方式首先表现在学习方式，育人方式有三条：实践育人、综合育人、合作育人。合作是温暖的心，创新是聪明的头脑，褚教授讲得多好。

优化学校治理：我们要向四川学习。成都市金牛区的文局长、四川师大的张伟教授对生态问题、制度革新问题做了非常好的解读，而且做了非常好的探索；教育厅的崔副厅长从头到尾关注高品质学校建设，关注课堂教学改革，执行制度的变革、制度的创新，就是学校教育现代化的治理、水平和体系的构建。

（2020年12月6日，首届中国基础教育论坛暨中国教育学会第三十三次学术年会"高品质学校建设的四川探索与实践"微论坛）

高品质学校建设是时代赋予的历史使命

李政涛

教育部人文社科重点研究基地华东师大基础教育改革
与发展所所长、华东师大"生命·实践"教育学研究院院长

关于高品质学校建设,我着重谈三个问题。高品质学校与新基础教育的主张都指向成事成人的高境界,高品质学校建设要增强内生力、内动力和内定力。

第一,我们为什么要建高品质学校呢?建设高品质学校是时代的需要、党和国家的需要、人民的需要、育人的需要。中国教育改革历经40多年,进入了一个以质量保障和提升为核心的新阶段,党的十九大关于"让每个孩子享有公平而有质量的教育"的重大部署,为我国未来教育改革发展指明了方向。建设高品质学校,对接国家重大战略,培养符合新时代需求的高品质的人才,创造优质均衡的教育大环境,是新时代赋予的历史使命。

第二,什么是高品质学校?高品质学校实际上是一种范式,表现在四个方面。

其一,高品质学校是一种理论理念的范式。这个范式里有核心的内涵,有核心的主张,还要有核心的标准。我来谈谈我眼中的高品质学校的标准,它来自叶澜教授的主张,也是我们所有新基础教育实验学校的高品质的标准,即现代型学校。现代型学校是从近代型转向现代型的,它有五大特征:价值提升、重心下移、结构开放、过程互动、动力内化。现代型学校要有内动力,要有内生力,更要有内定力。五大特点构成了新基础教育眼中的现代型学校,这是我们视野中的高品质学校。其二,高品质学校也是一种实践的范式。其三,它更是一种时代的范式,体现新时代的新概念、新表达和新要求,做出我们这代人在高品质学校建设上的时代探索和时代贡献。其四,它还是中国范式。高品质学校的中国范式一定要深深植根于博大深厚、源远流长的中国文化传统,把我们的创建深深地扎在文化传统的命脉和根基当中,走出我们的中国之路。

第三，如何建设高品质的学校？我尝试性地提三点建议，也是三点希望。这三点建议和希望，都和高品质有关，回到了高品质诉求的原点。

首先是高品质地学习。一要学习国家理念和国家标准。要学习国家层面上怎么定位教育改革，怎么理解公平而有质量，怎么理解定位高质量。二要学习已有的经验。包括历史经验、现实经验、本土经验、国际经验和前沿经验。

其次是高品质地做事，也就是实践。有四个核心的方面，包括高品质课程教学、高品质班级建设、高品质校本教研、高品质的学校治理。

最后是高品质地育人。有四个方面很重要，一要清晰育人目标，明确在新时代育什么人、为谁育人；二要变革育人的方式，在新时代以"五育"融合的方式来育人；三要提升育人的质量，包括两个方面，一个是育生的质量，另一个是育师的质量；四要聚焦育人的过程，过程的质量是最核心的，要让每个过程、环节、细节都有高品质，只有高品质的过程才能实现高品质的结果。

四川高品质学校建设的重大课题研究，其核心就是指向以上三个方面。四川的研究着力于这三个方面，取得了很大的进展，我们还需向前推进，获取更大成效。为此提出以下建议：

建议课题研究进一步强化落地，树立"新常规"；要和四川的历史传统文化紧密地联结，扎根四川巴蜀文化，同时面向未来，进一步把握大势，走向前沿；要把四川经验与中国经验、世界经验结合起来，把最好的四川教育展现给中国和世界，把中国教育、世界教育最好的部分带给四川。

建议课题研究继续推进完善，进一步加强核心概念的解读，深化对品质的理解，尤其要重视师生的共同成长、互相成就；核心理念、核心主张的阐释应更加系统，加强内部的结构研究和外部的比较研究；并从研究的深化中明确四川高品质学校建设内涵的独特性和不可替代性。

（2020年8月22日，全国新时代高品质学校建设线上线下学术研讨会）

新时期高品质学校的新定位

于发友

中国教育科学研究院副院长

在全国教育大会召开两周年之际，在国家中长期教育规划纲要（2010—2020 年）和十三五发展规划收官，中国教育现代化 2035 和十四五规划开启之年，特别是在新冠肺炎疫情给学校教育带来深刻、持久影响的今天，举办此次研讨会，意义显得尤其重大。

学校是教育事业的重要载体，是师生共同学习、生活、成长的主要场所，是教育功能得以实现的基本平台。学校也是社会生活的一种形态，是杜威描述的"雏形的社会"，承载着教书育人的重要使命。对于高品质学校，华东师大基础教育研究所、四川省教科院和许多学校都进行了深入的研究和实践，形成了许多高水平的理论成果和实践经验。

所谓高品质学校，应该是具有高标准、高品位、高质量的学校；应该是理念先进、文化底蕴深厚、办学特色鲜明的学校；应该是以人为本、面向人人、因材施教，促进每个学生全面发展、幸福成长的学校；应该是创新卓越、课程课堂改革成效好、教育教学质量高的学校；应该是制度完善、权责清晰、评价科学、充满活力、富有效率的学校；应该是开放包容，具有国际视野、未来眼光，善用新技术、新方法、新手段的学校。

建设高品质学校是一项系统工程，需要一个长期过程，更需要创新性思维、结构性变革和战略性举措；需要我们聚焦发展方向和目标定位，树立科研强校理念，以深入扎实的教育科研、教学研究支撑、驱动和引领学校发展；需要我们聚焦核心使命和基本职责，深入发展素质教育，深化课程改革，推进课堂革命，在提升教育教学质量上狠下功夫；需要我们聚焦管理效能和运行机制，遵循教育规律，坚持依法治校和民主管理相结合，不断提升学校治理体系和现代化治理水平；需要我们聚焦关键环节和根本举措，创新体制机制，着力于打造高素质、专业化、创新型教师队伍；需要我们聚焦发展保障和协同机制，积极调动各方面积极性，努力营造党委政府重视、社会各界支持、家长积极参与的学校改革发展的良好氛围。

  2018年9月，中央召开改革开放以来第五次全国教育大会，对包括学校建设和改革在内的教育事业发展作出了全面部署，提出了许多新理念、新思想和新要求。当前，我们已进入新时代，正处于百年未有之大变局，国际形势发生深刻变化，互联网、云计算、大数据、人工智能等新技术给教育带来了发展机遇，同时也提出了更高的要求，特别是新冠肺炎疫情给教育带来了前所未有的严峻挑战。面对新的形势，如何重新定位学校，重新定位高品质学校的使命责任，乃至校长、教师的职责任务，加强科学谋划和顶层设计；如何统筹德智体美劳"五育"并举，落实好立德树人根本任务；如何处理好学校线上线下教学、校内校外育人的关系，全面提升教育教学质量；如何探索建立现代学校制度，提升学校整体水平和治理效能；如何更好地构建政府、学校、家庭、部门、社会五位一体、有机融合的协同机制，等等问题，急需破解。

（2020年8月22日，全国新时代高品质学校建设线上线下学术研讨会）

突显高品质学校建设的时代特征

陈云龙

教育部基础教育课程教材发展中心副主任

教育是中央关心、社会关注、人民关切的大事。习近平总书记在2018年9月召开的全国教育大会上强调："要在坚定理想信念上下功夫，要在厚植爱国主义情怀上下功夫，要在加强品德修养上下功夫，要在增长知识见识上下功夫，要在培养奋斗精神上下功夫，要在增强综合素质上下功夫。"这六个"下功夫"指导了教育教学改革的发展。

面对当今的教育改革发展，四川省教育科学研究院、华东师范大学的专家学者，以及一大批一线教育工作者们，非常有智慧地创建了高品质学校发展共同体，以科研引领、问题解决、协同创新、合作共享的联动发展模式，将"高品质"作为学校改革发展的理念愿景、目标方向、路径模式，尤其是四川，借鉴优质学校的办学经验，破解学校发展的实践困境，描绘未来教育发展蓝图，其实践呈现出高品质、高质量的内涵特征，创造了基础教育改革的四川经验，为我国基础教育改革与发展贡献了四川智慧。

关注经验，前瞻未来，与时俱进地建设和发展高品质学校，应突显鲜明的时代特征。

第一，国家要求适应性。新时代高品质学校的发展要同党和国家事业发展要求相适应。站在世纪之交的时候，党和国家面对未来社会经济的发展、人才培养的要求，开启了我国第八次基础教育课程改革，时至今日已持续了二十几年的探索。从时间节点和工作要求重点的不同来区分，期间大致经历了三个阶段：第一阶段是1997年至2012年。1997年党的十五大对人才培养提出了新要求，中共中央、国务院于1999年印发了《关于深化教育改革　全面推进素质教育的决定》，此后十几年全面推进素质教育。第二阶段是2012年至2017年。2012年党的十八大提出了把"立德树人"作为教育的根本任务，着力于"培养什么人、怎样培养人、为谁培养人"这一根本性问题。第三阶段是 2017 年至今。2018 年全国教育大会明确指出，要努力构建德智体美劳全面培养的教育体系以及更高水平的人才培养体系，这一阶段的教育改革要与国家对教育事业发展的要求相适应，一句话概括就是，以"凝聚人心、完善人格、开发人力、培育人才、造福人民"为工作目标，培养德智体美劳全面发展的社会主义建设者和接班人。

第二，民生需求契合性。新时代高品质学校发展要同人民群众的期待相契合。2017 年，党的十九大提出："中国特色社会主义进入新时代，我国社会主要矛盾已经转化为人民日益增长的美好生活需要和不平衡不充分的发展之间的矛盾。"就教育发展而言，人民日益增长的高质量教育需求与不平衡不充分之间存在着矛盾，所以现在的教育发展就要做到解放思想、实事求是、与时俱进地分析并揭示现阶段教育发展的主要矛盾，并能够准确把握现阶段教育发展的主要特征，制定出教育发展的目标，并明确时间表、路线图，将教育改革发展付诸实践，建设更多高品质的学校，不断满足人民群众对素质教育的需求。

第三，国力地位匹配性。新时代高品质学校发展要同我国综合国力和国际地位相匹配。党的十九大报告指出，新时代是我国日益走到世界舞台中央，不断为人类做出更大贡献的时代，新时代也面临着新的国际和国内环境的变化。正如习近平总书记 2018 年在中央外事工作会议上指出的，当前中国处于近代以来最好的发展时期，世界处于百年未有之大变局，两者同步交织、相互激荡。在这样同步交织、相互激荡的新时代，教育要主动作为，要积极创新育人模式，培养更多适应新时代发展要求的人才。对于人才，可从两方面考虑：一种是具备从一到一百的能力，即将原本存在的事情做得更好的人才。这种人才更倾向于模仿，是一种变革与革新，他们发展到一定阶段，就能更快速地发展并做出更大的贡献。但社会经济发展取得重大突破，还需要另外一种人才，就是具备从零到一的能力的人才。这种人才能够创造新的事物、创造新的发展，是一种原创性的、原始变革性的人才。我国发展到现阶段，更迫切需要从零到一的人才。因此，教育应当有这样的责任与担当，要创新人才培养模式。

（2020 年 8 月 22 日，全国新时代高品质学校建设线上线下学术研讨会）

核心价值引领高品质学校建设

王磊

中国教科院原《教育文摘周报》社长

新基础教育、新样态学校、高品质学校建设都是对育人方式的一种探索，它们最核心的都是把价值引领放在了第一位。新基础教育，除了价值引领，它更突出的是方向的引领，从"教天地人事，育生命自觉"，一直到"让课堂焕发出生命活力"，都是一种方向性的引领，当然它后面还有很具体的东西，但它最突出的是方向引领。新样态学校，它的"有人性、有温度、有故事、有美感"，也是一个价值引领。除了价值引领，还有一个最突出的是路径引领。刚才张主任也讲到"五子登科"，包括文化内生、课程再造、系统建构、整体育人等都是一个路径引领。高品质学校的建设除了价值引领，我觉得最打动我的是它的标准引领，虽然这个标准有点粗，是一个框架性的标准。所以，三种探索的核心是价值引领，如果让我提一点未来前瞻的话，我想第一是要坚持和强化价值引领，第二是拓展实践路径，第三是细化标准引领，第四是创新评价引领。

以上引领，体现在高品质学校建设的课题研究与实践中，下面就课题谈四点体会和三个建议。

四点体会：一是时代站位。2018年全国教育大会上，习总书记提出了"九个坚持""九个要求"，这个课题的设计就是在回答如何去落实"九个坚持""九个要求"，也是决定着中国将来教育发展方向路径的问题。所以这个选题时代站位非常高。二是路径清晰。课题组团队的研究，为实验校指出了清晰的"八个路径"。三是群体性推进。很少有课题有这么大的参与量，这是四川省教科院"共同体"发展的特点。四是成果显著。从理论成果到实践成果，出版的专著、发表的论文、实验学校的探索等都印证了研究成果的丰厚，代表了四川教育的高质量高水平。

三个建议：一是理论深化。关于高品质学校建设的理论需要不断深化。课题组做了许多探索，包括一些量表的研制等，但离学校、实验校的发展的需要还有一定的距离。高品质学校建设宜简单不宜复杂，应易执行易操作。如果过于复杂，学校执行会有难度。二是标准的研制。高品质学校的质量标准制定是一个巨大的挑战，其他各地如山东、上海也有一些经验。四川标准的研制，可以借鉴各地的成果，但是要提出自己的特色的东西。三是强化引领，强化对实验校、子课题的引领。引领既有专业引领、在理论上的引领，也有一些先行校的示范引领。例如七中的探索，就是一种示范的引领。从专业引领看，课题实验学校需要个性化的指导，我提四句话的建议：①回到原点。回到教育的原点，思考教育的本质是什么；回到教育的目的，依据教育的价值来审视高品质学校的建设。②寻找支点。站在原点找支点，找到学校发展的支点。这个支点是需要专业引领才能够实现的。③整体建构。高品质学校是要整体建构的，不是某个方面的突破。④优化模式。这个模式就是基于整体建构的育人模式的创新。要从整个育人模式上思考高品质学校的建设。

（2019年9月12日，四川省重大课题"高品质学校建设的探索与实践"子课题开题报告会暨高品质课堂教学观摩研讨会；2020年12月6日，首届中国基础教育论坛暨中国教育学会第三十三次学术年会"高品质学校建设的四川探索与实践"微论坛）

追求高品质 创造好教育

褚宏启

国家督学、北京开放大学党委副书记、校长

这次论坛，大家围绕学校建设用了几个词，一个叫"高"，一个叫"新"，我们还经常用一个词叫"优"，后边再加上各种各样的词，大家看这都是比较好的词。不论是叫什么，指的都是好教育。人民教育杂志社编了一本书叫《名校的秘密》，请我写了一篇序，名字叫"好学校的模样"。我认为好学校像家庭一样，幸福的家庭基本都是一样的，而不幸的家庭各有各的不幸——好学校就是创造好教育。今天大家对高品质学校展开讨论，我们更应当找的是共性，而不是找它们的差异。所以，我今天简单讲讲何为好教育，具体分为三个内容：什么是好教育？好教育的目标是什么，或者说教育的使命是什么？好教育的具体表现是什么？

什么是好教育？讨论教育的好与不好，要放在国家现代化、教育现代化的背景下。我给教育现代化下了一个定义，它只能是与教育形态的变迁相伴的，是教育现代性不断增长和实现的过程。教育现代化不是外表变来变去，而是内在的变化，内在的东西有现代性，也叫现代精神。比如说人道性、民主性、合理性，这些问题我们不能回避，它们才是好教育的里子。好教育不能只要面子，不要里子。有些地方教育现代化推进过程当中，看不到理性的设计，看不到利益相关者声音的表达与倾听，看不到普通人的自由与尊严，这种教育不是好教育。教育现代性的背后，蕴含着对好生活、好社会的追求。教育现代性或者现代教育的价值和意义，就是为了人的自由与解放，为了建设一个现代社会或者现代国家。其下边涉及几个维度，如教什么、学什么、怎么教、怎么学、怎么评、怎么考、怎么管、谁来教等，我认为这些方面都要体现现代精神。

现代化它本质上是一个合理化的过程，合理性包括两个方面：工具的合理性和价值的合理性。有了新技术你不用是不对的。但是你用了新技术之后，用信息技术侵犯师生的隐私权，这更是不对的。工具的合理性要服从于价值的合理性。所以，我们把人道性、民主性这种价值性很强的排在最前面，人道性要统率其他。人道性包括三个方面：一是优质性，我们的教育必须与时代同步，不能落后于时代。学生发展水平高指的是什么呢？是差距小，最好的与最差的差距比较小，平均值高、基准高，这叫高水平。二是公平性，大家的机会是平等的，对穷孩子要补偿，对残疾人、对英才学生我们要因材施教。三是终身性，现在大家知道资本很凶猛，技术也很凶猛，但是我们这个世界不是信息化的世界，而是人道的世界，技术越发展越应该讲人道。

好教育的目标是什么？应该是培养现代人。教育现代化是为社会现代化、人类现代化服务的。社会现代化包括两个阶段：农业社会到工业社会，工业社会到信息社会。人类现代化有一个渐进过程，从农业社会的小农经济、君主专制等级社会，走向工业化、市场化、民主化、个性化。这是一个漫长的过程。美国社会学家英克尔斯认为，除非国民是现代的，否则一个国家就不是现代的。所以说，教育的使命就是培养现代人。

现代人首先是 1.0 的现代人，适应从农业社会到工业社会。培养什么品质呢？培养科学理性精神、民主法治精神、独立自主的精神。现在已经进入信息时代了，我们要培养适应 21 世纪的现代人，这又需要培养什么？培养核心素养。核心素养是为了应对 21 世纪的挑战而提出来的，它是一个全球性的国际潮流，强调九项，其中第一个是高阶认知，不是简单的死记硬背刷题，指的是批判性思维、创新能力，这些东西我们国家也提出来了，背后体现了创新精神、科学理性精神、民主法治精神、尊重别人的精神、独立自主的精神。我们要培养具备这些精神、素养的人，培养现代人，建设现代国家。

进一步聚焦，核心素养又可以概括为两个词：创新能力与合作能力，又可叫超级素养。创新指向聪明的脑，合作指向温暖的心。基础教育的目标是什么？无非三个：给孩子一个聪明的脑，能创新；给孩子一个温暖的心，能体谅别人；给孩子一个健康的身。健康属于基础性的素养，创新与合作属于高级素养。我们可能会讲很多的理论，但是要抓住问题的实质。在认知能力的清单当中，记忆排在最下面，而创新排在最上面。但是，我们往往太重视记忆了，所以教育的目标必须变化，要提升我们的目标，要把视野放宽到"培养现代人，建设现代国家"上来。

如何推进好的教育？首先看课程。第一，我们的课程内容与目标在一些地方还是两张皮,喊着全面发展,喊着创新能力,干的全都是考试的事,考什么学什么,这是不行的,课程和目标要统一;第二,在课程建设当中,必须要避免繁难偏旧,要脱虚向实,克服为考而教、为考而学的倾向,课程结构要优化,要做到"好吃有营养";第三,在课程实施当中,要尊重和满足学生的兴趣爱好,避免千人一面,让他们得到个性发展,因为只有个性发展了才有创新性。

其次,教学方式的现代化,包括教与学。现在还有不少地方教学方式很陈旧,依然停留在浅显的层面,就像是用方形的轮子拉动教学这个车,教师和学生都很累。因此,需要创造能够启发大家讨论参与的教学方式,才能培养聪明的脑和温暖的心。发现学习和创新对应,合作学习与合作对应培育核心素养、培养创新能力,教法可能比教材更重要。培养创新能力并不只是科学课的事,既然每一门学科都需要启发探究,那么每一门学科都要培养孩子的创新能力。

再者,课堂教学时间的安排上,不能老是在记忆方面投入最多的时间。我们将来要发生一个变化,课堂时间分配要优化。

还有评价的现代化,评价是指挥棒。传统意义上的好学生往往有两个特征:成绩好,听话。这样的孩子未必具有创造性。所以我们要加上两个:能创新、善合作。没有这两个素养的孩子,就不能适应21世纪的挑战。所以,我们的评价一定要有更高的站位,对学校的评价不能只看上名校的升学率,对教师、学生的评价也不能只看分数。

教育队伍的现代化包括五支队伍,即教师、学校管理人员(特别是校长)、教育行政人员(特别是局长)、培训人员,还有教科研人员,他们都需要现代化。北京市海淀区的教育很强,就是因为五支队伍都强。当然,在这五支队伍中,最重要的是教师。教师主要解决三个问题:第一个是国家的要求;第二个,教师要具备现代精神,比如民主法治精神、科学理性精神、尊重别人的精神;第三个,教师要具备21世纪核心素养,21世纪核心素养并不只是针对小孩的,它是针对所有学段学生的,包括继续教育学段,所以也是针对教师,针对在座的各位,也针对我自己的。提升教师素质,一个是职前培养,一个是职后培训,再一个是通过制度建设来引领。

最后一个就是管理的现代化,主要是科学、民主、法治。其说起来简单,做起来非常不容易,现在讲的教育治理主要是民主化和法制化。简单讲,这三个东西就是反对随意、反对专制、反对人治;讲道理、尊重人、守规矩。

总结一下，什么是好的教育？就是具有现代精神的教育。好教育的目标是什么？就是培养现代人，建设现代国家。那么我们具体看一看，培养目标要升级，不能只是看高考成绩；课程内容要和核心素养精准对接，要优化结构；教学方式要坚持启发探究合作；评价方式要与目标对接，要多样化，不能过于单一；要培育教师的核心素养；教育管理的重点是加强民主化，因为有了民主化，才有可能科学化。治理现代化主要指的是民主化的问题，涉及多元共治、学校自治、政府原治和例行法制。

（2020年12月6日，首届中国基础教育论坛暨中国教育学会第三十三次学术年会"高品质学校建设的四川探索与实践"微论坛）

高品质学校在于高品质地育人

李松林

四川师范大学教育科学学院院长

高品质学校究竟是什么样的学校，我们又应当如何建设高品质学校呢？不管怎样去界定高品质学校，或是采取何种途径、方式去建设高品质学校，高品质学校的"高品质"最终都体现在育人的高品质和高品质地育人这两个问题上。

在不同时代、不同时段，人们对高品质学校的品质要求肯定是不同的。也就是说，高品质学校是一个具有时代性的概念，它在不同的时代、不同的阶段应该有不同的内涵。新时代的高品质学校的内涵集中体现在两个方面：第一，要在一个重大的课题上有所作为，这个重大的课题是构建德智体美劳全面培养的教育体系，促进学生德智体美劳的全面发展。第二，高品质学校的高品质，一定要在学生的核心素养发展上面有所建树。今天的高品质学校，无论是学生德智体美劳的全面发展，还是学生的核心素养的发展，都需要一种育人模式的突破和革新。

高品质学校究竟需要什么样的育人模式？把这个问题加以分解，又衍生出三个基本的问题：第一，高品质学校的育人模式，最终追求的是学生的发展，那高品质学校应当追求的学生发展是什么样的发展？第二，为了致力实现这种学生的发展样态，高品质学校究竟需要什么样的育人模式？第三，如何才能够落实这样的育人模式？

德智体美劳的全面发展与核心素养的发展是思考和回答第一个问题的两个基本导向。

在今天，应当追求的全面发展是更充分的德智体美劳的全面发展。把它再加以具体化，更为充分的德智体美劳全面发展包括三个内涵。第一，要致力学生完全的发展，但是人无完人，所以学生完全发展是基本面的完全发展，是德智体美劳五个基本面的完全发展，这可以更好地解决学生发展的片面性问题。第二，今天的高品质学校应当追求的是学生基本面的整体发展。德智体美劳全面发展是一个描述学生总体发展状况的概念，是一个描述学生整体发展质量的概念，不是一个德智体美劳相加的概念，是要实现学生德智体美劳五个基本面的整体发展，要解决的是学生发展的精细化问题。第三，今天学生更为充分的德智体美劳全面发展，其最终实质、最终追求是学生多样化的差异发展、个性发展。从根本上讲，全面发展的实质是个性的充分发展。所以今天追求的高品质的学生发展，是要解决学生发展同质化的问题。

从核心素养发展的角度，今天要追求的学生的发展是更为给力的发展，是更为强健的发展。

从发展内容上讲，应当致力培育学生的广泛适应力，让学生面对外部世界的时候，具有一种广泛适应现实、社会和问题情境的力量，即广泛适应力。向外是广泛适应力，向内呢？对于学生自身的发展来讲，今天追求的核心素养发展就是要追求学生的一种能够持续发展的力量，能够持续生长、终身发展的力量。不管是广泛适应力，还是向内的持续发展力，都集中表现在关键能力、必备品格和基本价值观念上。

从发展品质上讲，追求学生更为强健的核心素养发展，作为高品质学校，实际上是要提升学生的高阶发展力。高阶发展力可以概括为一个核心三个维度，是以高阶思维为核心的三知识建构素养、问题解决素养、责任担当素养，也就是以高阶思维为核心的知识建构力、问题解决力和责任担当力。可以高度概括为强调学生的核心素养发展就是要培养学生的高阶发展力。不管是更为充分的全面发展，还是更为强健的核心素养发展，都可以用三个字加以定论。新时代现阶段，高品质的学校应当追求的学生发展样态究竟是什么呢？是大发展。这种大发展就是更为充分的全面发展，这种大发展大在更为强健的素养发展，这种大发展的"大"，体现的是相对于学生的低阶的发展、低位的发展、眼前的发展、短浅的发展、粗浅的发展、局部的发展。一句话，如果我们要问当前高品质学校应当追求的学生发展究竟是什么，那就是三个字——大发展。

既然一所高品质学校应当追求学生的大发展，那么，今天的高品质学校究竟需要确立什么样的育人模式呢？什么样的育人模式才是与学生的大发展相匹配的，才是有品质的育人模式呢？什么样的育人模式才能够真正成就学生的这种大发展呢？从德智体美劳全面发展的角度看，应该确立的培养模式是从"五育"并举到"五育"融合。

"五育"融合的育人模式，可界定成三个层次。发挥学科对学生综合的教育价值，这是第一个层次。借助某个学科，尽量同时完成德智体美劳五个方面的教育任务，这叫学科综合育人。当把各学科加以融合、综合、统整，就是第二个层次，即跨学科整合、跨学科协同育人。应当借助多个学科的整合，来实现德智体美劳的全面发展。如果说学科综合育人、多科协同育人还是在学科里面在打转，再往前面走一步，超越学科，把学科育人推向生活育人，推向校外育人，就是第三个层次。超学科整合、超学科实践，让学生在广域实践中生长，才更有利于德智体美劳的全面发展。

如果要在核心素养的发展上有所突破，学校育人模式还应该把握整体建构。无论是课程、教学，还是学生的学习，都要确立整体的概念、理念和方法，应该聚焦核心，以核心求统筹。要聚焦核心目标、核心知识、核心问题，要用核心的素养来统筹课程教学目标，用核心知识来统筹学习内容，用核心的问题来统筹学生的学习情境和学习过程。一句话，以核心求统筹，这样才有学生的整体建构。

无论是从"五育"并举到"五育"融合，还是从深度学习到整体建构，要致力于学生的大发展，作为一所高品质学校应当确立的育人模式就三个字——大融合。学生的大发展需要大融合的育人模式，高品质学校在育人模式上的高品质就是大融合。

从范围上讲，学科内部要综合，学科与学科要融合；学校与社会要融合；从方法上讲，要聚焦核心目标，聚焦核心知识，聚焦核心问题。大融合的"大"体现在既要有学科类的融合、课时类的融合、单元内的融合、跨单元的融合，也要有跨学科的融合；既要有学科领域间的融合，也要有学科领域内的融合，这都是跨学科融合。大融合还表现在学校与社会的融合，让学生全面面对，直面现实问题，直面生活问题，直面社会问题。

从对象上讲，大融合要融合四个方面。第一，要让学生把知识与事物融合起来，把知识与事物融合起来。第二，只有让学生把知识与知识融合起来，学生学到的知识才有可能转变成真正的能力，学生才有可能综合运用知识去面对原本就是综合的生活实践。第三，要让学生能够把知识与行动融合起来，做到知行合一。第四，让学生把知识与事物融合起来。

作为一所高品质的学校，应当以大融合来追求学生的大发展，那么如何落实这种大融合的育人模式呢？只有实践能够把知识与事物融合起来。正是有了实践，才能够让学生综合学习知识、综合运用知识；正是借助实践，才能够真正实现知行合一；正是因为实践，才能够把外在的知识与学生作为人的自我融合起来。如果说实践是大融合的根本方式、绝佳途径、根本机制，那么大概念乃是大融合的基本工具。

大概念，是处于更高层次的概念，可以整合低层次的概念；是居于中心地位的概念，所以可以整合外围的概念；是居于更深层次的概念，所以能整合表面的概念；能帮助学生广泛迁移。所以大概念是处于更高层次、居于中心地位、藏于更深层次，因而是能对学生产生广泛迁移作用的一个意义的结构，是一个具有丰富内涵的知识点。在表现形式上，大概念可以是一个字，可以是一个词，可以是一句话，可以是一个概念，可以是一个命题，可以是一个理论，还可以是一个观点，形式多样。

大概念"大"在哪里？从作用上讲，它是一个极佳的整合者、极佳的转换期。学生的核心素养发展、全面发展就在大概念的学习和建构过程之中。而从基本的操作来讲，不管是课程的开发还是教学的设计，可以以大概念为核心和主线，在筛选大概念的基础上确定这节课的大概念。在确定大概念的基础上，把大概念说得更加具体，对它进行分解和描述，也就是确定这节课的核心素养的目标。学生学习大概念、建构大概念的过程，其实就是若干学习活动的设计问题。活动设计的依据就是前面的问题设计，最后是对学生学习的大概念进行评价。

（2020年8月22日，全国新时代高品质学校建设线上线下学术研讨会）

用"整体优化"的思想指导教育改革

沙培宁

《中小学管理》原主编

我讲的主题跟未来的改革有关,但不限于今天的话题,因为陶老(陶西平)是我们编委会的主任,已经担任了几十年。5月份陶老去世以后,我认真回顾了他在多次讲话、多篇文稿当中对教育改革的认识,越看越觉得有必要反思我们已有的改革,越来越觉得我们应该追问:我们是不是应该对改革本身进行改革,以防止改革的零效应或者负效应?所以,我今天跟大家说的是陶老的观点:什么是"好"的改革?

从他的若干篇讲话文稿中,我提炼出这样几点。第一,求进步而不只是求变化。如果我们只是求变化而不求进步的话,就无异于一种折腾,陶老曾经批评过排浪式的改革。第二,遵从工具理性与价值理性相统一的原则。很多教师追求花样翻新的方式方法的变革,但是违背了价值的原则,所以陶老提示我们要防止工具理性膨胀、价值理性缺失。我们要一起记住一句话:"价值比智慧更重要。"第三,坚持系统化思考整体改革。大家知道,"整体优化的思想"是陶老思考教育问题的一个哲学基础,他多次强调,教育是一个系统工程,是由若干个相互联系又相互制约的因素组成的系统,一个因素的调整就会引起另一个因素的反应,从而造成整个系统的波动。所以,我们必须考虑各个相关因素对整体的影响,从整体的改革思路出发,提出解决具体问题的方案。比如他就批评过教育科学研究,有时候就像把一面镜子打碎了,每个人拿一个碎片进行研究,等都研究完了以后再拼到一起,已经不是该事物的本来面貌了。他也回顾了新中国的教育史,他说,因为没有能从整体上把握改革,所以新中国成立以来,我们的教育一直在"失误—变革—再失误—再变革"中摇摆。高品质学校建设陶老是赞成的,因为它是包括六要素的一个结构性的整体变革,这符合他整体优化的思想。第四,好的改革就是要以辩证思维来推进改革进程。改革其实就是新与旧的博弈,陶老主张继承和创新的统一,如果对旧的或者新的全盘否定或者全盘肯定,采取一种绝对化的二元对立的态度，就会断送改革的生命。同时，它也提示我们要防止片面性和线性思维。第五，整体改革要运用正确的方法论。这里主要有三点：一是要抓住主要矛盾，他说整体改革是面面俱到，但并不是主次不分。二是整体改革是各项改革的有机融合，而不是把互不相干的几项改革进行一个简单的拼盘。三是整体改革是有序进行的过程，从整体到一般，从主要到次要。第六，始终保持自我批判的反思态度。他曾经写过一篇文章叫《黛安·拉维奇的"逆转"》，黛安·拉维奇是小布什时代美国"不让一个孩子掉队"法案的主要推动者。但是，她后来毅然地做出了自我否定，宣称她的改革是失败的。所以陶老也提示我们的厅长、局长、校长也要勇于否定自己曾经倡导过的东西。第七，不让从教者因为产生职业困惑而失去活力。他说，改革最终是要使我们的学校充满活力。学校改革当中教师为什么会产生职业困惑，进而失去办学活力，有多种原因，比如说政出多门、缺乏统筹、措施之间相互冲突，或者实际的评价标准和我们确立的目标是相背离的，这些都会使学校失去活力，导致改革失败。

（2020年12月6日，首届中国基础教育论坛暨中国教育学会第三十三次学术年会"高品质学校建设的四川探索与实践"微论坛）

四川教育从"大起来"到"强起来"

颜莹

《江苏教育研究》编辑部主任

今天下午的论坛让我对中国基础教育的三种样态有了更深的理解和认识。我们的新样态学校具有鲜明的"四有"特征,它倡导让教育回归基本规律,遵循教育的本真;倡导我们的学校建设一种亲切关爱和友好的环境,让孩子感觉到学校是一种温暖的所在,在这种环境中人事向善,从而能够催生一个个精彩的故事。新样态学校理念倡导让学校讲述自己的故事,让美进入到学校结构要素的各个方面,从而让学校中的每一个人都感受到愉悦和尊重。在我们江苏有很多的学校,尽管没有参加新样态学校的实验,但不约而同地体现出了这些特征。南京市力学小学把"学以成人"作为自己的办学目标,无锡市梅村实验幼儿园把自己的办园特色定位为"长故事的园子",我认为这不是一种巧合,恰恰说明了新样态学校是建立在对学校发展基本规律的认识之上的,所以当学校按照规律办学的时候,就会自然而然地呈现出这些样态和特征。

江苏常州是新基础教育的重要实验区,已经开展了近20年的实验探索。在与学校的交流中,我听到过很多学校和老师讲述过叶澜教授团队走进学校,贴地式深入介入学校变革和管理的故事。新基础教育怀揣着真诚,做真研究,让学校和老师感受到了理论的力量,感受到了成长。常州教育与新基础教育研究携手走过了20年,从常州教育近年来凸显出来的办学特色和成果可以看出,新基础教育通过培养具有生命自觉的理想新人来实现和推动变革,因此,它的着力点主要在于实现人的变革。

2018年以来,四川省教育厅、教科院秉承着"办好人民满意的教育,努力让每个孩子都能享受公平而有质量的教育"的初心,通过高品质学校建设的探索与实践,努力实现四川教育从"大起来"再到"强起来"的历史性转变,体现了自己在新时代的使命担当。我认为这样的实践和探索需要勇气,更需要恒心和毅力,去克服实践和探索中的种种困难。2019年8月,江苏省教育厅评选出了20所示范性高品质高中,以探索高品质教育的学校范式。四川与江苏教育的不约而同，其实启示着我们基础教育改革已经开启了从公平均衡走向优质均衡的转型过程。

这三种改革试验样态启示我们，教育改革需要遵循学校办学的基本规律，教育改革的进程中需要我们教育理论工作者和教育实践工作者友好交往，携手共生。教育改革和实践需要怀揣初心和勇气，攻坚克难，才能有所突破，实现美好的愿景。我想，不管将来学校育人方式如何发生变化，这三种实验样态所提供给我们的基本的启示都是非常珍贵的。同时，回望这三种改革实验的样态，我发现它们都是紧密地结合了时代的发展特征，结合了当下的教育现状和实践问题提出的，都是发自内心的实验主体的一种变革愿望和行动，因此，可以说契合了"天时、地利、人和"这三个成就大事的关键要素，也产生了较好的实验效果。因此，改革实验没有最好，只有适合。我认为，无论我们身处何种时代，面对何种变化，只要我们努力去探寻适合的教育，就能创造最好的教育。

（2020年12月6日，首届中国基础教育论坛暨中国教育学会第三十三次学术年会"高品质学校建设的四川探索与实践"微论坛）

第二章
实践引领

高品质学校要做"四者"

杨银付
中国教育学会秘书处秘书长

2012年11月15日，习近平总书记会见中外记者时讲了这么一段话，他说："我们的人民热爱生活，期盼有更好的教育，期盼着孩子们成长得更好、工作得更好、生活得更好。"什么是更好的教育？我的理解就是更高质量、更加公平、更富特色、更有活力的教育。高品质学校建设，近年来从国家层面在推进，学校着力于提高教育质量，建设高品质、高水平的学校，近年来四川省也在积极探索，可以说创造了高品位、高质量学校建设的四川经验，引领了四川省的中小学、幼儿园的建设。

对于高品质学校建设，我也有一些自己的思考。

第一，高品质学校，要做全面贯彻教育方针的践行者。2018年的教师节，新时代第一次全国教育大会召开，习近平总书记出席会议并且作了重要讲话，他强调，要坚持中国特色社会主义教育发展道路，凝聚人心，完善人格，开发人力，培育人才，造福人民，培养德智体美劳全面发展的社会主义建设者和接班人，要构建德智体美劳全面培养的教育体系，形成更高水平的人才培养体系。高品质学校要做贯彻教育方针的践行者，要坚持马克思主义指导地位，坚持社会主义办学方向，坚持教育为人民服务、为中国共产党治国理政服务、为改革开放和社会主义现代化建设服务，坚持教育与生产劳动和社会实践相结合，培养担当民族复兴大任的时代新人，培养德智体美劳全面发展的社会主义建设者和接班人

第二，高品质学校，要做教育规律的探索者。做一件事情，什么叫做到最好？就是要提高境界。我觉得遵循规律，就是最高的境界，运用好规律，就是最高的水平。为此我们要坚持"全人、全纳、共生、共赢"的理念，坚持全面的人才观、全面的教育观、全面的质量观、全面的发展观，办好每一个学校，教好每一个孩子。

第三，高品质学校，要做教育改革的先行者。全国教育大会以来，党中央在基础

教育方面出台了三个重要文件，即《中共中央国务院关于学前教育深化改革规范发展的若干意见》《中共中央国务院关于深化教育教学改革全面提高义务教育质量的意见》《国务院办公厅关于新时代推进普通高中育人方式改革的指导意见》。2019年7月29日，国务院在北京召开了21世纪的第二次全国基础教育工作会议，就是要贯彻全国教育大会精神。这三个文件也标志着我们国家的基础教育进入了全面提高育人质量的新阶段。提高育人质量就需要深化改革，进一步体现培养目标，进一步体现核心素养，进一步体现优化结构，进一步体现教育规律。课改要得到落实，就离不开教改，实际上这两者紧密联系在一起。要进一步注重学思结合，进一步注重因材施教，进一步注重知行合一，进一步注重融合教学。课改、教改要落实，需要评价保驾护航。所以，中央出台了《深化新时代教育评价改革总体方案》，要求在评价中进一步突出绿色评价、全面评价、综合评价，进一步突出诊断性评价、形成性评价，进一步突出发展性评价、增值性评价，进一步突出评价结果的运用；要求进一步坚持党的全面领导，进一步坚持学校主导，进一步坚持协同育人，进一步坚持放管结合。

第四，高品质学校要做学校特色、特色学校的创造者。高品质学校建设，是一个共性与个性的结合体。没有失败的学校，也许不能说每一个学校都是高品质学校，但是每一个学校都要走向高品质。要从区域的需求出发，从学校的特点出发，从学生的成长出发，为每个孩子提供适合的教育，创造最好的学校，这也就是高品质学校。

中国基础教育进入全面提高育人质量的新阶段，要构建德智体美劳全面培养的教育体系，建设高质量基础教育。从建设更高质量的教育看，对各个学段又有不同的任务要求，学前教育要优质普惠，义务教育要优质均衡，普通高中教育要优质特色，特殊教育要优质融合。

教育的质量从根本上来说，表现为培养人的质量。基础教育是立德树人的事业，要把立德树人的成效作为检验学校一切工作的根本标准，那么立什么德、树什么人呢？习总书记在全国教育大会上作出了明确的阐释，就是培养德智体美劳全面发展的社会主义建设者和接班人。这句话只有10多个字，但是却是全体中国教育工作者努力的方向，因为这就是对学生培养目标的规定。这一句话中的中心词是"社会主义建设者和接班人"。习总书记说培养什么人、怎么培养人、为谁培养人是教育的根本问题。

"你是中国人吗？你爱中国吗？你愿意中国好吗？"这是张伯苓校长1935年提出的

"南开三问"。这既是历史之问,也是时代之问,还是未来之问。在加强品德修养上下功夫,要教育孩子们明大德、守公德、严私德,做有大爱、大德、大情怀的中国人。在增长知识上下功夫,分数高不等于有知识,有知识不等于有见识。在培养奋斗精神上下功夫,艰苦奋斗的作风不能丢,传统不能丢,要教育孩子们刚健有为,自强不息。在增强综合素质上下功夫,即德智体美劳全面发展,这既是培养目标的一部分,也是习总书记代表党中央提出的新表述、新判断、新要求。

2019 年 3 月 18 日,习总书记在全国学校思想政治理论课教师座谈会上讲到,要坚持马克思主义指导地位,贯彻新时代中国特色社会主义思想,坚持社会主义办学方向,落实立德树人根本任务;坚持教育的四个服务,教育为人民服务、为中国共产党治国理政服务、为巩固和发展中国特色社会主义制度服务、为改革开放和社会主义现代化建设服务;扎根中国大地办教育,同生产劳动和社会实践相结合,加快推进教育现代化,建设教育强国,办好人民满意的教育,努力培养担当民族复兴大任的时代新人,培养德智体美劳全面发展的社会主义建设者和接班人。

通过构建德智体美劳全面培养的教育体系,形成更高水平的人才培养体系,要把立德树人融入思想道德教育、文化知识教育、社会实践教育各环节,贯穿基础教育、职业教育、高等教育各领域,学科体系、教学体系、教材体系、管理体系都要围绕这个目标来设计。教师要围绕这个目标来教,学生要围绕这个目标来学,所以习总书记在全国教育大会上讲到,教好、学好、管好,目的都是要提高立德树人的质量和水平。落实到这一点,就需要通过深化改革来构建这样的体系,来建设高质量的基础教育。

我把改革概括为四个方面,那就是深化课程改革、深化教学改革、深化评价改革、深化体制改革。

课程改革要体现哪些精神?就是四个进一步体现,即进一步体现培养目标,进一步体现核心素养,进一步体现优化结构,进一步体现教育规律。

在教学改革上要努力做到四个进一步注重,即要进一步注重学思结合,进一步注重因材施教,进一步注重知行合一,进一步注重融合教学。

课程改革、教学改革要真正得到实施,必须有评价改革来保障护航,因为评价就是指挥棒。评价改革要进一步突出绿色评价、全面评价、综合评价,进一步突出诊断性评价、形成性评价,进一步突出发展性评价、增值性评价,进一步突出评价结果的运用。

"全面落实立德树人根本任务需要系统推进育人方式、办学模式、管理体制、保障机制改革，使各级各类教育更加符合教育规律，更加符合人才成长规律，更能促进人的全面发展。"这是习总书记在视察考察北京八一学校时讲的一段话。深化体制改革，要努力做到四个进一步坚持，即进一步坚持党的领导，党政军民学，东西南北中，党是领导一切的；进一步坚持学校主导；进一步坚持协同育人；进一步坚持放管结合。

课程改革、教学改革、评价改革、体制改革，涉及教育工作的方方面面，但是最核心最关键的，或者说办好教育的根本依靠，就是老师。所以建设一支高素质专业化、创新型的校长教师队伍，是建设高质量基础教育的根本保障。

（2020年8月22日，全国新时代高品质学校建设线上线下学术研讨会）

新时代高品质学校建设的十项方略

王定华

北京外国语大学党委书记

进入 21 世纪之后的第一个十年,我们的大旗是素质教育。第二个十年,我们的大旗是均衡发展。现在已经步入第三个十年,继素质教育、公平均衡之后,高品质将是新时代教育改革发展的新旗帜,具有划时代的意义。当然这三面大旗并不是先后替代,要同时举起,以促进我国基础教育的现代化。

2018 年 1 月印发的《中共中央国务院关于全面深化新时代教师队伍建设改革的意见》指出:"校长要提高办学治校能力,打造高品质学校。"关于提高办学治校能力,文件中也讲到了四个维度,广大中小学校长要努力做到政治过硬、品德高尚、业务精湛、治校有方。打造高品质学校是一个新鲜的事情,尽管各地做了很多探索,但总体上看,我们刚刚起步。

我认为,新时代高品质学校建设有十项方略。

第一,是确立学校发展哲学。一所学校选择什么,崇尚什么,追求什么,外显的是教育的行为和校风,内隐的是学校的价值观念。一般来讲,学校应该成为民主管理、依法管理的实验基地,成为公平正义、诚信友爱的人间净土,成为充满活力、安定有序的成长平台,成为培养能够善于处理与自身、与社会、与自然和谐相处的一代新人的生命摇篮。

第二,出台学校发展规划。学校发展规划一般以三年一期为宜,确定时间表、路线图、任务书、责任人。这是在客观全面认识学校当前状态基础上,面向未来的发展规划。好的规划,潜在地包含着目标力、整合力、前瞻力、凝聚力、发展力和执行力,是这些力量的和谐统一。

第三,执行现代学校章程。我做过统计,全国基础教育学校只有 50% 有自己的章程。章程制定要结合学校治理特点,服务立德树人目标,立足长远,放眼全局,统筹考虑，充分借鉴现有经验，整体推进。

第四，落实学校管理标准。教育部颁布了《义务教育学校管理标准》，提出了6类学校管理职责，共88项。

第五，调动全校共同参与。书记、校长是学校各项工作的统领者，也是学校品质提升、打造高品质学校的主要负责人。其他的学校管理人员也要明确职责，抓好落实。要调动教师的积极性、主动性、内驱力，提高参与度，把学校打造成为广大教师的精神家园。

第六，贯彻全面发展方针，也就是落实立德树人根本任务，促进学生德智体美劳全面发展和健康成长；抓好课程，抓好教法，抓好教材，抓好教学的过程；使"五育"都能够受到兼顾，有亮点，有探索，有侧重，也有素质的全面培养。

第七，传递中华文明基因，开展学校品质提升，打造高品质学校。在我看来，高品质学校建设主要就是要在内涵、质量、特色文化和信誉等方面着力，是以上因素的集合体。没有文化就没有品质，就没有品位，也不会有可持续发展的品牌。

第八，凝练特色鲜明的学校文化。校园文化的概念耳熟能详，而今我们更要提倡学校文化。学校文化涵盖了校园文化，同时它还包括价值观念、长远追求，以及校内外的互动。

第九，实现学校科学管理，做到规范管理、人文管理、精细管理、智能管理。把信息化AI技术广为运用，特别是要做到安全管理，让校长和教师从过度的安全责任中解放出来，从而致力教书育人，打造高品质学校。当然科学管理本身又是高品质学校的组成部分。

第十，造就优质教师队伍。要加强待遇保障，提高教师社会地位，关爱乡村教师，比如把教师节的主题确定为"立德树人，奋进担当，教育脱贫，托起希望"。

（2020年8月22日，全国新时代高品质学校建设线上线下学术研讨会）

育人方式变革是高品质学校建设的聚焦点

宋乃庆

西南大学教授、博导，原西南大学常务副校长

我先就"新基础教育""新样态学校""高品质学校"谈一谈。新基础教育实际上最早是由华东师大叶澜教授提出的，我觉得它是源于杜威"儿童中心"的观点，但是事实上它体现了中国的特色，主张学生自主发展，注重学生的个性特长发展，主张在班级授课制中要进行有关的调整，而且特别注意要把评价权交给学生，这是非常重要的。新样态学校实际上是中国教科院最早提出的，也是为了促进新时代学校有一种新的发展。"高品质学校"是中共中央、国务院的文件所发布和提出的。对于什么是高品质学校，学界认识并不一致。但在育人的价值追求上是基本一致的，在学校育人方式上有很多共同点。下面我谈一谈学校育人方式的改革，这是高品质学校建设的聚焦点。

关于学校的育人方式、改革的走向和路径，2018—2019 年，中共中央国务院连续发布了 4 个文件，这 4 个文件涉及普通高中、义务教育、学前教育、职业教育，都谈到了育人方式。我个人以为，育人方式的改革，要坚持党的教育方针，坚持立德树人；还要特别注意尊重、保护学生的个性特长、爱好的发展，我们很多学校不大注意学生个性特长、爱好的发展，这可能会让学生学习积极性受到打击。

今天所谈到的育人方式的走向和路径，我觉得课堂教学的改革，要把课堂还给学生，要让整个课堂以学生为主。我这里特别提到，要注意在整个教学设计中以问题提出为抓手。学校长期以来是以考试为抓手，以考试的分数成绩衡量学校、老师和学生，所以如果以问题提出为抓手，就能够促使学生从小在学习方式上能够创新、能够思考。这正如顾明远先生说的，不会提出问题的学生，不是好学生，也是爱因斯坦所讲的，问题提出比问题解决更难，所以在学校的育人当中，要培养学生提出问题的能力。另外，注意开展 STEAM 教育，STEAM 教育也是国家 2013 年所提到的教育跨学科的学

习中培养学习能力、实践能力、创新能力。

（2020年12月6日，首届中国基础教育论坛暨中国教育学会第三十三次学术年会"高品质学校建设的四川探索与实践"微论坛）

把握三要素，推进高品质学校建设

陈如平

教育部发展研究中心副主任

"高品质学校建设"与党的十九大提出的"高质量发展"的总要求十分契合，可以看作是"高质量发展"总要求在教育特别是学校发展方面的具体落实和扎实行动。此次会议提供的材料表明，高品质学校的探讨与实践已经有十多年的历史，尽管最初没有使用"高品质学校"这一概念，但在学校改革发展的理论探讨和实践方面早已"虽无其名，但有其实"。因此，高品质学校建设是推动学校改革发展创新，提高办学育人水平的应有举措，在《中共中央国务院关于全面深化新时代教师队伍建设改革的意见》中它被上升为国家政策。五年来，这一目标任务在全国各地，尤其是在四川、浙江、江苏等省市得到了积极的响应和扎实的落实。今天，终获善果。

在四川省教育厅的领导下，四川省教科院创造性地提出三个"五三"推进策略：立足校长发展，提升"五修三力"；立足教师发展，优化"五育三课"；立足学校发展，着力"五建三好"；形成了高品质学校的四川样本，给本次学术会议提供了可供学习借鉴的经验和范本，也给全国更多地方推进高品质学校建设提供了可复制、可推广的机制、模式和方式。

关于下一步如何推进高品质学校的建设，希望各单位在研究与实践中转变思维方式，找到自己的站位，明确改革的价值，选择适当的方法，找到落实的抓手，为此须牢牢把握三要素。

第一，厘清内涵。要深刻理解和全面把握高品质学校的内涵、本质，尤其要突出时代性的问题。要从社会主义现代化强国建设需要这个高度来理解和表达，要从教育现代化、教育强国和办好人民满意的教育的目标任务来理解和把握，要从推进教育公平发展和质量提升的高度来理解和把握，要从基础教育高质量发展的总要求来理解和把握，特别还要从寻找学校发展内生动力这个角度来理解和把握。我们既要把高品质当作是当下优质学校的基本特征,同时还要考虑学校未来发展的一种新样态。在其中,我们还要特别紧密围绕"人",突出"人"的问题,从教育目的、教育目标、育人目标等方面来理解高品质学校的深层次内容。

第二,明确标准。进一步梳理明确高品质学校的标准和要求。任何一个概念的提出,尤其是对学校的一种愿景描述和理论探讨,毫无疑问,都有其特定的标准。不同的理论有不同的标准,但这其中一定是共性和个性的统一。我对高品质学校的标准有以下理解:要坚持社会主义办学方向;在办学中全面贯彻落实党的教育方针;建立了立德树人的落实机制;学生的德智体美劳实现了"五育"的融合;课程、管理、教学等方面卓有成效;特别是有提供给学生或者适合学生健康发展的教育模式和育人体系;还有很重要的一点,营造了良好的育人环境、育人氛围和教育生态;同时,高品质学校应给家长和整个社会予以有效的指导和引导。

第三,创造实施。高品质学校已经在学校发展的路径、方式、手段等方面取得了丰富的成效和很好的经验,接下来还要多做一些创新的工作。此次新冠肺炎疫情实际上给我们提供了一些好的契机,也给我们提出了一些新的要求,比如在疫情发生后如何更好地推进网络信息技术、人工智能在教育教学中的应用问题,这一点,对于学校形态、教学方式、教师专业发展等已经产生了可以预见的效果;再比如,在学校育人方式改革方面还需要大胆改革创新,在基础教育阶段拔尖创新人才培养方面还可以多做一些文章、下一些功夫,特别是围绕"因材施教"这个大课题多做一些探索,不能仅仅把它看成是一个口号,而是要更多地落实在教育教学当中。前段时间,中共中央全面深化改革委员会通过了《深化新时代教育评价改革总体方案》,这也给高品质学校建设的下一步工作打开了一个窗口、搭建了一个平台,在这个方面也有许多工作可做。总而言之,高品质学校的整体推进在新的形势、新的背景、新的要求、新的挑战之下应多一些创新性工作,一定能为项目的推进、学校的进步乃至社会的发展提供一种满意的教育形态。

(2020年8月22日,全国新时代高品质学校建设线上线下学术研讨会)

高品质学校建设呼唤高素质校长

朱德全

西南大学教育学部部长

高品质学校建设有赖于高素质校长。校长对自己有清醒的认识,对学校发展有系统的理解,才能引领学校走向高品质。

对校长身份的自我认知,每个校长要关心八个问题,即职业身份、核心素养、境界、教育信念、教育智慧、发展的轨迹、教育的追求,以及学校如何支撑自己的发展。

校长的职业身份,首先应该是专家,要专家办学。让外行说你真的是那一行,让内行说你真的不是外行,这就是专家。真的体现专家的话,要体现专一、专门、专攻。其次应该是思想家,要思想家办学。境界要高,理念要新,思想要活,这才是思想家办学。再次应该是教育家,要教育家办学。教育家办学其实要体现三个核心意识,班级是学校的核心单元,课程是学校教育的核心要素,课堂教学是学校教育的核心工作。所以教育家办学要强化三个核心意识,即核心单元、核心要素、核心工作。最后,还应该是企业家。企业家办学最看中信息、经营与用人。

校长的核心素质是三位一体。校长首先是职业者,作为职业者是上位,职业者的核心素养就是心态与境界。其次是教育者,作为教育者是中位,教育者的核心素养是真情与智慧。最后是管理者,校长最终是管理者,这是下位。作为管理者的素质,其中的管理思维与思路很重要。

校长的教育境界可归纳为四句话。第一,跳出来,跳出教育看教育,跳出学校看学校。第二,走出去,用国际视野看教育,从国内比较看学校。第三,跑下去,走进教育看教育,亲近师生看学校。最后,钻进去,以专业水准看教育,以专家的角色看学校。

校长的教育信念可归纳为三句话。心,在最高处;情,在最深处;行,在最低处。心追求一个字,"高",境界高,这是前提。情,追求一个字,"深",要有情怀。行,在最低处，这是教育信念。

校长的教育智慧可归纳为 24 个字：出思路，谋规划，建制度，强人格，树正气，抓大事，用好人，花好钱。校长的管理思想应有四重境界：第一，"权力"管人，人管人；第二，"制度"管人；第三，"价值"管人；第四是最高境界，"文化"管人。

校长的发展轨迹，首先明确自己的身份，要身份自觉。基于身份来追求什么目标，身份决定目标，目标决定方向，方向决定心态，心态决定状态，状态决定脑袋。

校长的教育追求可概括为四有四好：有智慧，有真情，有胆识，有人脉；讲得好，写得好，做得好，处得好。

建设高品质学校，需要校长把学校作为展示自我的舞台、发展自我的平台、成就自我的后台，在"三台"搭建与利用中提升自己的素质。

（2020 年 8 月 22 日，全国新时代高品质学校建设线上线下学术研讨会）

课程与课堂是高品质学校建设的着力点

周小山

成都大学教授，原成都教育学院院长

当前，我国基础教育已进入高质量体系建设的新时期，从教育体系看，中小（幼）学校居于中观层次，既是高质量教育体系建设的主体，又是高质量教育体系建设变革中的对象，提升每一所学校的品质，正是建设"高质量教育体系"的基础。"高品质学校建设"探索四川省建设高质量基础教育体系之路，既有针对性地解决学校真实问题，促进办学质量提升的现实意义，又有对四川和我国高质量教育体系建设"重心下移、阵地前移、理实一体、众筹共享"重要的路径选择和理论构建的双重探索价值。

"高品质学校"内涵具有鲜明的新时代特征，直指"五育并举，立德树人"的高品质学校建设的愿景，须着力于课程建设与课堂改革。在这次研讨活动中，我看到了课题组的学校在这方面做出的种种努力，而且分别有亮点，值得珍视。泸州市江阳区忠山学校从课程开发走向了课程体系建设。新课改以来，倡导三级课程管理，因此很多学校都走向了课程开发，开发自己的校本课程，或者对国家课程进行创生性开发。忠山学校提到了构建整个学校的课程体系，这是一个方向。高品质学校恐怕得有自己体现"全面性、统整性、具体性、扎根性"的课程体系，形成"本校"课程。

成都七中易国栋校长在交流时提到，"用更少的时间抓分数，用更多的时间抓素养"。我们的课程改革长期以来强调哲学与经验主义取向的教学论。这一流派包括建构主义、陶行知的思想等，是主流学派的教学论，推崇自主合作探究等课堂教学方式的变革，用学习方式和教学方式的变革来推进新课改，主要讲怎么学、怎么体现学生的主体地位。易国栋校长提出的"用最少的时间抓分数"，强调课堂教学的效率、效益和效能，指向了科学取向的教学流派，包括奥苏贝尔、布鲁姆等，强调怎么教。要实现"用更少的时间抓分数，用更多的时间提素养"，需要把这两个流派结合起来，既要尊重传统，又要勇于创新。这是课堂改革中的一种融通的思想。

成都市金牛实验中学在交流时谈到学科课堂、学科实践活动，这是核心素养提出以后值得我们基层学校关注的东西。课堂要强化"实践育人"，需要开发各学科的实践活动序列，形成自己的资源库。所谓实践育人，即第一，为了实践育人（为学生以后的实践，用知识解决问题），这是价值取向；第二，通过实践来育人，这是路径选择；第三，用实践育人，这需要各学科开发自己的学科实践活动，包括课堂上的实践活动序列，这是方法论。未来的课堂变革中，一个非常重要的方向就是学科课堂实践活动序列的构建。

总之，高品质学建设须以课程和课堂为基本着力点。高品质课堂是针对课堂"质量误区"的拨乱反正，是促进学生个体、协调、全面发展的课堂。高品质课堂指向核心素养落地，其建设是一个复杂问题，涉及学校的文化、管理、教师专业水平等多方面的因素。在具体建设中，需注重四个取向，即教学目标的统整取向、教学内容的典型取向、教学形式的实践取向、教学评价的个性取向。

高品质课堂建设需加强校本研修，这也是高品质学校建设的核心动力。我们要明确高品质课堂的特征，这样才能推动课堂教学的变革。可供参考的是，经验主义取向的教学论流派在课堂上关注四个要素——自觉主动，集体思维，差异发展，成功体验；科学取向的教学论流派在课堂上关注四个要素——目标清晰，环节有序，教法恰适，当堂反馈。

要把校本研修的价值取向摆正到核心素养落地上来；要在研修中围绕真问题，进行实践研究，突出学科特点，规范研修环节，开发研修工具；要在研修中聚焦关键问题，尤其是课堂教学中的关键问题；要加强逆向教学设计、深度教学设计、单元教学设计的研究，这是推进核心素养落地、实现高品质课堂必须关注的问题。

（2019年9月12日，四川省重大课题"高品质学校建设的探索与实践"子课题开题报告会暨高品质课堂教学观摩研讨会）

讲好四川故事，贡献四川经验

李江源

四川师范大学教授

高品质课题研究的价值，其实就是要回答时代之问，包括我们的孩子要接受什么样的教育，中国要办什么样的学校，等等。同时，紧扣问题，力图实现课题研究的逻辑转向，实质就是一个问答式的逻辑，所以本课题的一个价值就在于推动人们对高品质学校的认识，而不仅是满足人们对高品质教育、高品质学校的需求。当然，本课题的创新性也很明显。

透视"高品质学校建设的探索与实践"这个课题的价值，形成四点感知。第一，课题研究基于学校，站位中国，立足四川，面向世界。课题以问题、需求、效果为导向，探索梳理总结高品质学校建设的经验，提炼了一批具有标识性的概念，诸如对"品质""质量""高品质"的内涵进行了初步的界定。研究目的在于为中国、为世界贡献四川的经验、四川的样本、四川的模式、四川的书写、四川的表达，讲好四川教育改革发展的故事、学校办学的故事。第二，体现实践的自觉、经验的自觉、理念的自觉、文化的自信。中国教育学的研究往往是缺乏主体意识的。目前的教育概念、教育术语、教育议题都是舶来品，我们大都用西方的教育理论来套用或者解释中国的教育实践，凡是与西方教育理论相契合的探索就是好的，否则就是坏的。高品质学校建设的课题转换了思路，站位中国、立足四川来探索和总结办学经验，因此它呈现出另外一个样子。整个课题破除了自卑的心态、学徒的意识，从模仿、跟随、依附走向了精神的自主、文化的自信。它指向建设具有本土文化个性和实践样态的中国四川高品质学校。第三，课题研究以教育问题为导向，以办学实践为基础，以品质提升为核心，充分体现了研究的在地性、现实性。第四，以立德树人为主线，对高品质学校涉及的方方面面展开了系统的研究，提炼了一批充满"烟火味"、充满生命活力的成果。

梳理整个课题研究成果，我觉得做了四方面的工作：第一，牢牢抓住了一个定盘星，这个定盘星就是高品质学校；第二，就是压舱石，从文化、理念等方面着力，目的在于增强学校整体的办学活力；第三，是一个发动机，就是紧紧依靠学校、依靠教职工，聆听了学校一线的声音，力图建设高品质学校，最终达成凝聚力、战斗力、向心力、感召力、执行力；第四，是一个助推器，以高品质学校为抓手，来系统推进学校全方位、全面的改革。所以，课题能取得好的成绩。

高品质学校建设的研究如何继续讲好四川故事、贡献四川经验？我认为这不仅需要有理想情怀，还须增强理性思维。我们研究什么是高品质学校，首先要研究高品质学校不是什么，才能回答是什么。高品质学校绝对不是大楼，而是大师；高品质学校绝对不是育分，一定是育人；高品质学校不仅仅是有制度，还一定是有管用的制度；高品质学校不仅有秩序，还一定是有严肃活泼的秩序；高品质学校不仅有主角，还一定有配角，更有票友；高品质学校不仅有师道尊严，更有平等对话、沟通协商的师生关系；高品质学校不仅仅接地气，更要仰望星空；高品质学校不仅仅扎根中国大地，更面向世界；高品质学校不仅有科学先进的教学模式，更有学生生命的激扬、个性的奔放，有活力展现的育人生态；高品质学校不仅因材施教，更面向每个人；高品质学校不仅仅只有配菜单，更有适合学生胃口和提供多样选择的点菜单；高品质学校不仅有学校的视角，还一定有学生和教师的视角。

基于上述理解，高品质学校应具备的特点是：第一，有人。回归人的教育，促进人的解放，实现人的全面自由发展。第二，有品。第三，有质。第四，有治。治理机构要完善，共治主体要多元。第五，有文化。学校要有文化，要为教师寻找精神家园。我们曾对成都市的学校文化进行了调研，发现明显存在很多问题，如片面化、碎片化、庸俗化、低俗化、形式化、同质化。第六，有法。高品质学校一定要有办学之法，有教之法、学之法，有教师、学生的"活"法。

最后，希望在高品质学校建设的深入推进中，能建立开放思维，保持开放心态，处理好以下几类关系：理论与实践的关系；本土与国际的关系；科学与人文的关系；建设与批判的关系；传统与现代的关系；学术性与现实性的关系。因为，我们研究的是学校，学校不是孤岛，而是开放情境和复杂现实下的与外界有着密切联系的客观存在。所以，关于学校的研究一定要有人间"烟火气"，要有学术情怀，要面对现实，走向实践。

（2019年9月12日，四川省重大课题"高品质学校建设的探索与实践"子课题开题报告会暨高品质课堂教学观摩研讨会）

三位一体，走向高品质职业教育

罗哲

四川大学人力资本开发研究所所长

在中国特色社会主义新时代，大力发展高品质职业教育，提高职业教育的品质和质量，不仅能够为乡村振兴和制造强国建设提供人才支撑，也能服务社会主义现代化强国的实现。

对于职业教育而言，其高品质主要体现在办学质量范畴中的品位、品貌、品牌以及文化建设等方面。立足现阶段我国的现实国情，高品质职业教育就是实现职业教育朝着体系化、实用型、高水平方向发展。尽管我国职业教育发展的政策已经十分健全和成熟，但职业教育发展涉及的配套政策、师生发展、课程设置、校企合作、产学互动的体系化还有待进一步增强，因此，逐步提升我国职业教育的体系化将是改革发展的一个方向。要有效满足现代信息技术革命和制造产业转型升级对人才的需求，为我国科技创新和制造强国建设提供人才保障，必须充分发挥职业教育培育人才的功能，为我国经济发展和产业升级培养一支知识水平高、创新能力强、个人技能卓越的实用型人才队伍。高水平的职业教育是多个领域高水平的综合体，具体表现为一流的办学质量、高水平师资队伍、高质量人才、产教深度融合、校企良性互动、高水平的创新能力等方面。

以职业教育嬗变历程为基础，以其发展的未来旨归为指引，高品质的职业教育将是品位和质量的双重提升，是品位、品貌、品牌全方位发展的体现。对于高品质职业教育而言，品位和质量是其一体两面，其主要目的是解决现阶段职业教育品位不高和质量不佳的问题，并且要注重打造具有自身特色的教育品牌。整体上来看，高品质职业教育主要呈现出以下特征：定位精准和以人为本，开放办学与尊重个性，德育为先和技能并重，主体多元和协同共治，服务多维和效益显著，动态评估和质量优先。

走向高品质职业教育，必须要坚持以品质塑造为核心，构建品位、品貌、品牌三位一体价值引领体系；坚持总体战略和个人目标的协同发展，以需求为导向明确职业教育的使命，大力推动职业教育和产业的深度融合，重点打造职业教育事业和情感共同体；坚持多种举措促进教育的高质量发展，构建多元主体参与的职业教育治理格局，校企合作共同培育高质量技能人才，重点打造具有中国特色的职业教育品牌。

（2020年8月22日，全国新时代高品质学校建设线上线下学术研讨会）

第三章
研究建言

一、开题展望

课题组在"高品质教育"愿景的指引下,将研究方向聚焦到"高品质学校建设"。2018年10月,课题组举行了开题报告会。会议围绕课题研究的缘起、研究的背景、核心概念的界定、研究的力量、研究的方法创新以及研究的困难等方面展开了汇报和研讨。王真东所长、纪大海研究员、吴定初教授、严先元教授、宣小红社长等全国全省著名专家学者给予了悉心指导。课题组还在开题阶段专门向姚文忠教授等专家咨询了意见,得到充分肯定和宝贵建议。

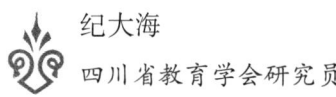

纪大海
四川省教育学会研究员

第一,"高品质学校建设的探索与实践"这个题目改得好。第二,关于高品质的定义,是课题研究的创新点,值得进一步深入探讨。第三,课题论述得很系统,认知也很有理论基础,而且认识比较深刻。第四,高品质学校建设涉及了幼儿园、小学、中学(包括高中)、职业学校,范围广,很有未来教育的趋向性,或者是未来教育的一种表征性。

"高品质"有三个内涵。一是人的品质,这是所有高品质学校永远关注的核心话题。二是涵养灵性品质,学校应该把孩子培养成聪明且有健康人格的人。三是活动品质,学校的一切教育教学活动要有品质。

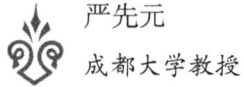

严先元
成都大学教授

把"高品质教育的探索与实践"改为"高品质学校建设的探索与实践",课题研究变得实在了,可操作性增强了。核心概念要界定清楚,如什么是高品质、高质量课程还需要进一步思考。课题研究的方法比较适合"扎根研究",扎根研究就是在实践中研究,扎根在实践的第一线,然后积淀成为一个理论的、规律性的、可选的标准。研究方案的制订,接下来要进行系统的规划和统筹,增强可操作性。

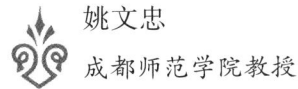

姚文忠

成都师范学院教授

第一，需动态地界定"高品质学校"相关概念；第二，研究方法增加社会互证法；第三，高品质学校必须具备四个方面的要素：学校里的教师和学生要有积极学习的劲头，教师上课时能把备课的积淀与经验实时发挥，学校的课外活动兼具有效性与丰富性，学校具有优秀经验成果传递、交流与发表的习惯。学生与教师的形象是学校最基本的底子，要善于打破常规思维局限来做课题研究。

宣小红

中国人民大学书报资料中心基础教育期刊社社长、主编

课题的研究队伍很强大，资料相对比较全；有大量的实践文本的提炼，比如已经有关于"高品质学校"的几本书在准备出版；课题抓住了"品质""高品质"几个关键词，关于其规定性的概述，有课题组自己的一定的主导，而且是独特的话语科学；课题的意义非常重大，这就如我们的课题组在问题研究当中，从世界、中国、四川再到学校，这样四个层次来展现这个语气，体现了世界教育未来发展目标和方向，体现了中国教育长效发展，等等；把"高品质教育的探索与实践"改为"高品质学校建设的探索与实践"后，课题研究变得实在了，可操作性增强了。

提几点建议：第一，课题研究的创新点需要进行修改和完善，因为理论创新谈的是教育品质，而不是谈的高品质学校改革。第二，课题研究的方法，文件上的研究方法还算不上创新，还要再进行修改。第三，研究目标和内容需要丰富和完善。第四，核心概念要界定清楚，比如高品质学校与高质量学校、优质学校、品牌学校等的不同。第五，要建立高品质学校建设的一个指标体系，根据不同学段的区别，可能有些指标的权重不一样。第六，现有的参考文献很丰富，但国外的文献资料相对较少，需要补充和完善。第七，课题研究的站位问题需要考虑清楚，高品质学校说的是四川省还是全国的学校。第八，研究方案的制订，接下来要进行系统的规划和统筹，增强可操作性。第九，研究的意义需要进一步思考。

二、中期建议

本研究在推进过程中,不仅注重实践经验的收集和整理,同时也非常重视多方征求专家的建议意见。研究中期,课题取得一系列进展,得到省内专家的高度评价,并征求到中肯的建议。

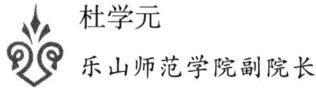

杜学元
乐山师范学院副院长

2018年度四川省普教科研资助金重大课题"高品质学校建设的探索与实践"(川教函〔2018〕495号)取得了丰硕的研究成果。该成果论述了"高品质学校建设"研究的时代背景和重大意义,认为"高品质学校建设"是世界教育未来发展的目标方向,是中国教育长效发展的时代强音,是四川教育深化改革的战略选择,是学校教育推进改革的核心突破。研究者在回顾"高品质学校建设"研究历程的基础上,以"着眼典型学校""区域整体带动""贡献四川经验""推出四川样本"为突破口,通过实践探索和经验总结,形成了理念研究和实践运用两方面的丰硕成果。其成果具有较大程度的原创性、实用性和推广价值,能够代表四川教育理论创新的高水平。

就现有成果而言,仍存在一些值得完善的地方。

在认识性成果方面,课题成果资料关于"文化体系建设""课程体系建设""管理体系建设""教学体系建设""评价体系建设""教研体系建设"的论述所包含的内容存在分类标准不统一、随意性过大的问题。双螺旋结构横切面图及图下的文字说明还不完全经得起推敲。关于校长必须加强"五修三力"的阐释还不够充分,"五修""三力"内部有何逻辑关系等还值得深入思考。在论述"三课"的作用时,"课程是立校之本,课堂是强校之基,课题是兴校之策"在学理上还值得探讨。

材料中"高品质学校建设"的七个方面归纳得很好,但高品质学校建设除了这七个方面的建设工作,"先进而超前的办学理念""高水平的学校班子建设""行之有效的制度体系建设"等似更加重要,建议一并纳入考虑。对"高品质学校建设"四个阶段的划分尤其是后两个时期的表述及"品质循环"时期之后又将进入什么时期,值得进一步推敲。

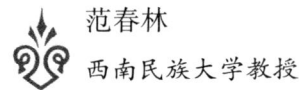
范春林
西南民族大学教授

"高品质学校建设的探索与实践"研究站位高，影响范围广，充分反映了创新理论和推动实践的积极诉求，引领了全省的教育科研，推广了一大批优秀成果，在全国也产生了很大影响。建议课题组从以下几个方面进行更深入研究：

第一，把历史和现实结合起来。一是教育实践层面的历史，如高品质学校历史脉络的成功案例。二是教育理论的历史，如高质量理论或标准的发展历程。三是当下的现实，如习近平总书记关于"为谁培养人、怎么培养人、培养什么人"的论述等。

第二，把国际和国内结合起来。尤其是发达国家的教育经验值得课题组借鉴。

第三，把普遍和特殊（共性和个性）结合起来。高品质学校要在尊重普遍规律上突出特色，不能为了特色而忽视了共性。既要有准确合理的理论建构，又要有鲜活的案例支撑。

第四，把学校、科研机构和教育行政三方面融合捆绑在一起，要关注不同层次、区域的学校，尤其是民族地区学校。

第五，高品质学校的打造方法。学校办学的目标、理念和定位；分几步走（怎么走），每一步的举措及反馈调节机制，每个阶段的达成情况，评估体系和最终评估；高品质应体现在"人"上，即校长（管理）、教师（教育教学）、学生（最终结果）。

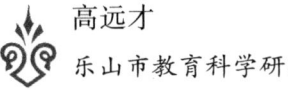
高远才
乐山市教育科学研究所党支部副书记

阅读成果资料、听取课题组介绍，我对"高品质学校建设的探索与实践"课题现有研究形成如下个人认识：

高品质学校建设是对学校办学样态的开创性主张，得到了教育同行的广泛认同，引发了教育同仁的普遍性探索，贡献了办学的四川认识。高品质学校建设必将成为办学的普及性追求，成为解决上好学、满足百姓对优质教育诉求的必由之路。

现有研究思路清晰，工作扎实。课题组理性思考与学校实践结合，始终注重高品质学校建设的顶层设计，以思路引领实践；实践中普遍布点，区域介入，参与学校样本容量大，收集的样本案例丰富。课题组通过专题研讨、区域间对话等，凝练的大量成果，映射了研究的深度与广度；课题组以子课题研究为管理抓手，规范要求，评优选先，助力了参与学校的深度卷入，实证研究工作稳步推进。

需要关注的问题：一是在呈现的材料中把研究工作的组织与研究问题的解决予以区别，以避免对成果鉴定时影响到对成果本身的判断；二是进一步对高品质、高品质学校两个核心概念给予清晰的界定与限定，解决研究的逻辑起点问题；三是进一步完善系列高品质学校建设方案（如建设策略、建设路径、高品质学校的测量与评价等）；四是考虑个案研究，从传统名校的发展史中寻求高品质学校建设方略；五是终结性材料上注意明确"成果"与"效果"之别。

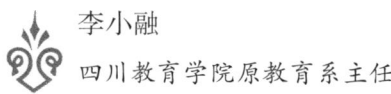

李小融
四川教育学院原教育系主任

"高品质学校建设的探索与实践"课题研究从教育大局着眼，综合了政治、经济、文化、教育等多个方面，涵盖了多种教育样态，表达了教育行政部门、科研部门、学校、教师等对于教育的共同追求，积极寻找路径落实党和国家的方针政策，做成了四川很有影响力的事情，具有鲜明的研究特色。

我的主张与课题组的"全纳""公平"的理念是一致的，高品质学校建设的目的就是促进教育的优质均衡，目标是使所有的学校成为好学校，所有的校长成为好校长，所有的教师成为好教师，所有的学生成为好学生。建议课题组从以下几个方面进行更深入研究：

第一，将"高品质学校"作为一个操作性概念，缩小其内涵，补充核心内涵，以便于更好地扩展其外延。第二，高品质学校建设能够更加注重回归原点，按照教育规律、教育本质办学：一是要回归学生，尊重学生的特点与特色；二是要回归课堂，课堂是实现教育目的的主要方式，应遵循课堂教学规律；三是要回归教师，包括作为教师特殊代表的校长。学校要回归到基本的教育现实，提高课堂教学效率，解放教师和学生，减轻教师和学生的负担。第三，增加对学生和学校的集中调查研究，摸底学校的真实情况，适应学生发展需求。第四，高品质学校建设能够兼顾学校的共性与个性，对学校进行分级分类分地区指导，让所有的学校都动起来，都去追求高品质学校建设目标。第五，丰富对高品质学校的评价取向，转变评价方式和内容。质量就是基本标准达标，品位就是在完成基本标准的基础之上还能有进一步的提升，高品质学校不能只有一个统一的标准。第六，对高品质相关学术语言进行生活语言的解读，使教师能够理解高品质相关学术成果，从而真正对实践产生影响。

岳刚德
成都市教育科学研究院课程教材研究中心主任

"高品质学校建设的探索与实践"这一课题聚焦高品位和高质量学校的建设，视野广阔，扎根实践。既建构了较完备的理论假设，也开展了广泛的本土实验探索，积累了非常丰富的理论成果和实践案例，形成了具有四川特色的关于学校内涵发展的理论主张和实践集群，对行政部门的教育决策、质量管理、学校改革与发展研究具有现实的启发意义。

课题组的研究提出了关于高品质学校的命题假设。结合当下教育研究的前沿和学校改革的现实，主张高品质学校应该具体表现在落实国家教育方针政策的学校、遵循教育发展规律的学校、坚持以人为本的学校、树立数据意识的学校、嵌入多元生态的学校等方面。据此，建议课题组加强以下几个方面的研究：

一是加强国家教育方针、重大政策和四川省配套政策的梳理和解读，为学校更好地理解教育改革方向、把握自身办学方向提供依据和指导。

二是加强对学校办学案例的梳理和分析，从学校大量的成功经验和失败教训中总结办学的基本规律，尤其是针对办学理念背后的学校哲学选择、办学理念对课程教学形态的塑造、办学理念转变为教师信念的发生机制等重要的问题，应大胆假设，在共同体学校内进行广泛的实践探索，从而明确理论研究和实践探索的方向。

三是加强学校中"人"的研究，围绕学校"以学生发展为中心"基本原则探寻落地之策，尤其是对学校的办学能否长效地"使学生受益""助教师成长"进行更全面、更有针对性的考察。

四是加强评价和监测的研究和指导，一方面是进一步收集学校发展中的真实数据和文字材料，围绕关键信息进行深入分析，对研究假设进行验证；另一方面是构建结构化的评价指标体系，为学校自我诊断和深化改革提供参照工具。

五是加强学校改革发展在多元教育生态视域下的研究，从学校间的经验交流、错位发展、未来展望，家长、学校和社会间的互补联动，学生中的特优生培养和学困生培养等重要角度切入，多角度审视高品质学校的价值意义和建设路径。

课题目前已经做出了扎实的研究，并进行了广泛的推广，在许多学校乃至区域的改革中发挥了积极的作用，希望课题组能够更进一步，在"共生"理念下为全省各级各类学校的改革发展和"四川经验"的提炼做出更大贡献。

赵家骥
乐山市教委党组书记、乐山教育学院党委书记

"高品质学校建设的探索与实践"课题研究务实充分，深入多所学校跟进，形成了较多的研究成果，影响力较大。

其中有三大亮点值得关注：一是高品质学校建设的初衷不是让所有的学校都向四七九等名校学习和看齐，而是针对各类学校的具体情况进行研究，分类分区制定研究策略，着眼面上提升区域教育品质；二是紧抓学校中的课程建设，试图对学校进行结构性改革，以学生为本，回归了教育的初心和教育的本质。三是重在梳理和展示具有中国特色的四川教育教学实践经验，而不是生搬硬套国外的教育经验。

建议课题还可以从以下几个方面进行深入研究：第一，进一步深入思考，分区分类构建出高品质学校的评价体系。第二，在走向高品质学校研究中不忘农村学校，可以重点关注乡村学校的课程建设，尤其是基于乡村（本土）文化建设课程体系，以提升农村学校的品质。

三、阶段推进

2020年10月13日，课题组参加首届中国基础教育论坛暨中国教育学会第三十三次学术年会微论坛筹备交流与遴选会，高品质学校建设研究与实践课题的开展情况得到评审专家的一致好评，专家们也给课题研究和推广的扩大提供了有益的建议。

高书国
中国教育学会副秘书长

建议"高品质学校"课题研究能够坚持在解读本土化的基础上拓展国际视野。因为，在汇报过程中举到凉山州的例子，说学校虽然建得好，但是学生只考二三十分，这不仅是四川的问题，也是一个国际问题。建议参考《2018年世界发展报告：学习以实现教育的承诺》和《超越PISA：如何建构21世纪学校体系》等著作的分析，总结出四川经验。

文喆
中国教育学会学术委员会顾问、北京教育科学研究院原院长

高品质学校建设的内容是到目前为止微论坛申报中材料最充分的一个，可以看出是做了多年的研究。高品质其实是一种价值判断，因此，建议首先介绍清楚"什么是高品质"，与国家教育方针和国情有什么关系；然后讲清楚我们的"高"是高到什么位置，最好有一个确切的标准；最后要说"高品质学校建设需要几个方面的内容"，有重点地介绍几个成功的路径。

李方
中国教育学会学术委员会委员、北京教育学院原院长

看到项目组提供了这么多材料，我回去得好好学习。这个项目这么大，成果这么丰硕，时间关系只提两个建议：一是处理好微论坛主题和年会主题的关系，建议有一个更精准的主题。二是"高品质学校"是一个比较大的话题，其中提到的"结构变革"能不能指向高品质，还值得再斟酌。

刘立德
中国教育学会学术委员会委员、人民教育出版社编审

这个选题是此次微论坛里唯一的一个省域建设项目，四川省教科院在实践的基础上，整体呈现四川研究成果，我们对这个微论坛的期待非常高。因此，建议可以在微论坛中,把省域推荐高品质学校建设的这种理念与经验,能够更加充分地展示出来,这也是使命担当,责任更重。第二个建议是把"高品质学校建设"与党的十九大报告中提出的"高质量发展"相结合。第三是建议去掉主题中"结构"这个帽子。第四是把项目说明改成视频资料的形式呈现,增加一个主旨报告来简明扼要地阐述这个项目的意义和价值。

四、结题鉴定

2021年1月,本研究成果初步形成,"高品质学校建设的探索与实践"课题结题,课题组召开结题会,邀请到全国、全省范围内关心和关注课题研究、探索的专家对课题进行鉴定。最终,课题得到与会专家高度肯定,以"优秀"等级顺利结题。课题组还将继续根据专家的建议和鼓励深化研究,推广成果,以求更深远广泛的实效。

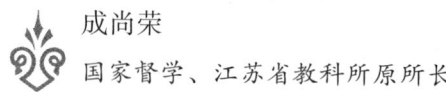

成尚荣
国家督学、江苏省教科所原所长

"高品质学校建设的探索与实践"课题具有很高的价值。该研究积极回应着国家高质量发展的时代要求,并将高品质学校建设自觉地纳入更高水平育人体系的构建,引导学校积极创造,深入研究立德树人根本任务在学校的切入口、生长点,探索实现方式。

该研究成果立足四川教育改革发展的实践和需求,立足四川教育"鼎兴之路"的构筑,进行顶层设计,对不同类型的学校以及不同地区进行针对性指导,布局合理,格局很大,有利于全面提高教育质量和办学格调,形成了"四川经验""四川样本",在全国产生了积极影响。

该研究在注重政策研究的同时,加强了学术研究,紧紧围绕"高品质"进行文献研究,并进行学理分析、科学定义,具有原创性,生成了扎根性理论。

该成果应该推广,并根据"高水平育人体系构建"要求深化研究,取得新突破、新进展。

李政涛
教育部人文社科重点研究基地华东师大基础教育改革与发展所所长、华东师大"生命·实践"教育学研究院院长

阅读完本项重大课题的研究报告后,我有两个整体的感受。

第一,这是"大时代"中的"大课题"。我们正处于中国特色社会主义新时代发展阶段的"大时代",在习近平中国特色社会主义思想的指引下,中国的教育改革朝着既定目标稳步推进,"高品质学校"是"建设高质量教育体系"中的重大抓手。以学校为单位的改革,是教育改革中不能忽略的部分,必须花大力气去思考、去实践。

第二,课题的成果既符合规范又有创新。研究报告的目录和具体内容的规范体现在以下几点。一是有核心概念的界定。理论是实践的前提,是实践操作方法的基石,要做好实践工作和研究工作,对理论的敏感、对理论的自觉、对理论思维的追求很重要。要能够把实践的逻辑、实践的创造转化为实践的问题,化理论为实践,同时又反向思考,化实践为理论,真正打通理论逻辑和实践逻辑的双向通道。二是有研究综述。通过做文献综述来把握前沿,展现出自己的独特,把自己的经验思考在综述里准确定位,体现出研究的基本性规范。三是有研究意义和研究的价值。对事情的意义和价值的理解不同,实践的方向、实践的路径和操作的策略手段就不同。理论研究重在价值意义的认定,而不是直接奔着操作方法,直奔怎么建设"高品质学校"去。

除此之外,这个报告还有创新。报告里花了很多篇幅去凝练创新,这就是我在参加四川"高品质学校建设"的很多会议上所反复表达的,展现出了"四川经验"和"四川方案",为高品质学校建设、为学校变革与发展做出了"四川贡献"。

任何成果都是永无止境的,都有不断提升和发展的空间。接下来,我对于这项研究后续的继续完善和继续发展再提些建议。

第一,研究报告在文献综述上和研究综述上还有提升空间。目前的综述更多是着眼于领导和专家在会议上发表的观点,对一些具有代表性的著作和研究成果的引用和介绍稍显单薄。习总书记倡导构建人类命运共同体,我希望"四川经验"不仅是四川的经验,应该成为"中国经验"的代表,应该以世界为背景、为参照,成为世界学校变革与发展、世界高品质学校发展当中的独特贡献。

第二个建议，成果所参考的政策文件的广度、深度还有进一步提升的空间。目前来看，成果引用了中共中央关于十四五规划、2035 远景的一些建议，这些文件定位是准确的。但同时，我也希望"高品质学校"建设还要充分依据这几年来党中央、国务院和教育部等出台的一系列重大政策文件，这些文件都和"高品质学校"的建设是密不可分的。有了这些，在某种意义上，我们就站在国家的层面上来思考四川的"高品质学校"建设问题，那才真正做到了以四川的方式做国家层面的贡献，进入到国家重大的战略需要当中。

第三个建议还是和文献综述有关，我们的国际视野还可以进一步打开。最近联合国教科文组织发布了一个面向 2050 年的研究报告，报告中一个重要的关键词就是生态。其主张将来我们的变革、人的生存要以地球为单位，要让人类和所有地球上的物种和谐相处，构建一个理想的健康的地球生态，这代表了国际前沿发展的方向。我们的学校变革与发展也应该在生态的意义上，在回归自然的基础上，在处理教育生态关系、学校与自然生态关系的意义上，再往前继续推进。融入国际背景当中，才叫真正地体现习总书记倡导的建设人类命运共同体的理念，这个事业就更大、更宽了。

第四个建议和理论创新有关。一次次打磨，一次次开会论证讨论，一次次提炼重建，在实践的凝练总结上，这个报告已经做到了很高的层次了。实现进步很不容易，那么怎么能够再上一个台阶？我们目前所生成的这些理论创新，更多是点状的，是散点式的，分布在不同的内容当中。我希望在后面的成果中，可以专门有一部分来对理论创新进行专题式的表述。如果能从这么好的实践经验中生成一种创新，那课题的价值就更加充分了，就更加能够体现什么叫作"重大课题"应该有的"重大成果"，大不仅在实践之大，也在理论之大，更在于理论与实践的结合之大，与实践的融合之大。在这样大气象大格局之下，就会有更大的未来。

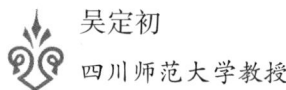

吴定初
四川师范大学教授

认真阅读了"高品质学校建设的探索与实践"课题组提供的研究报告及其相关材料，提出以下个人鉴定意见：

这是一项政治站位高、意义非常重大的研究。课题组始终坚持党的教育方针和社会主义的办学方向,始终着力于全面提高基础教育质量,同时注重追求"一校一品"或"一校多品"的特色发展方向,为新时代四川基础教育高质量、高品位发展寻觅新路。课题体现了中国教育长效发展的趋势,体现了世界教育未来发展的目标和方向。这一研究,自然也将在四川现代基础教育研究史上留下令人称道的一页。

这是一项学术站位高,非常规范、扎实的研究。选题宏大,实现了"顶天",研究过程难在"立地"。课题组在充分吸收已有研究成果、立足厚实理论的基础上开展研究,其思路清晰、方法合理、措施有力,研究推进的技术路线清晰,其过程真实、有序,开展的研讨活动丰富多彩、质量高,参与者受益深广。凡此,也为研究成果的形成、推广奠定了坚实的基础和提供了有力的支撑。

这是一项成果非常丰硕,且创新凸显的研究。突出者如:提出的"学校非线性发展规律"和高品质学校"评价量标"等认识成果,富有新意,殊为难得;形成的高品质学校建设的"结构性改革策略"以及高品质幼儿园、小学、中学和中职学校的"建设策略"等操作成果,针对性强,接地气,推广度高。同时也毋庸置疑,在现有四川"经验""样本"和"故事"并有效服务"四川决策"和助推"四川行动"等良好效益的基础上,这一成果必将在较长时期内有力地推动四川基础教育以及中等职业教育的高品质发展。

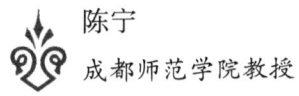

陈宁

成都师范学院教授

"高品质学校"是四川基础教育改革中的原创概念,改革探索所结成的成果"高品质学校建设的探索与实践"具有显著的本土性、现实性、理论性、前瞻性和创新性的特征。通观研究成果,主要有如下几个特点:

第一,研究的方向正确。2018 年,中共中央、国务院在《关于全面深化新时代教师队伍建设改革的意见》中提出了"打造高品质学校"的教育改革任务;小康社会的全面建成,推进基础教育迈入新的发展阶段,高质量的发展成为教育改革的主题;四川的区域经济、社会发展等因素,导致教育发展不平衡、不充分的问题比较突出,亟待破解全省基础教育的实践困境,促进基础教育的均衡化和高质量发展。研究顺应了新时代教育发展的要求和四川基础教育改革发展的需要。

第二，研究的覆盖范围大。全省参与研究的学校520所，涉及10万名教师、120余万名学生；研究过程中以主题讲座、微讲坛、校长论坛、课堂观摩研讨、学术沙龙等多种活动形式，召开了60多场研讨会；综合梳理了幼儿园、小学、中学、中职学校推进高品质学校建设的共性与个性，初步形成了高品质学校建设的"四川路径"；总课题分了87个子课题，其中区域子课题3个、学前教育子课题21个、小学阶段子课题33个、中学阶段子课题26个、职业教育子课题4个，从不同学段、不同区域、不同视角展开研究。研究的样本较多，覆盖面较广，增强了研究的说服力和可信度，具有推广的价值和可行性。

第三，研究突出了四川教育改革的实践导向。高品质学校建设研究是针对四川基础教育改革存在的现实问题展开的，研究从四个方面对所存问题进行了深度剖析，从问题出发构架了研究的思路和线索，充分体现了研究的问题意识和问题导向。研究"注重学生全面发展和个性发展相结合"与"办学特色鲜明"两个突出特征，给学校高品位、高质量发展提出了优化路径选择的建议。四川高品质学校建设的探索，顺应了国家教育改革的总体趋势，回应了学校改革创新的内在需求，是四川基础教育落实"鼎兴之路"的有益尝试。

第四，研究成果产生了很大的影响。课题组发表论文100余篇，组织编写了四川"高品质学校建设的探索与实践"课题研究系列丛书；成都市金牛区、乐山市峨眉山市、泸州市江阳区、达州市通川区、遂宁市船山区、宜宾市翠屏区、绵阳市涪城区、南充市营山县等地区的教育行政部门把"高品质建设"纳入地方新时代教育改革发展的规划部署，以"高品质学校"作为指导，全域全程推进学校改革，引发了社会的广泛关注，得到了国内知名专家的充分肯定。

综上所述，研究成果完全达到省级教育科学规划重大课题的结题要求，同意推荐结题。

建议对现存问题的分析更加精准，对接好研究的具体内容；进一步在川扩大实验的范围，深度融入体育、美育和劳动教育。希望课题组继续总结完善研究成果，用以推动全省基础教育的均衡化发展，形成新发展阶段基础教育改革的"四川经验"。

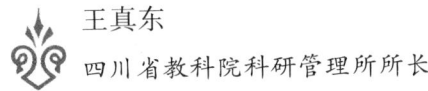

王真东
四川省教科院科研管理所所长

我从课题管理职能部门的角度,谈一下对课题研究的感受与建议。

"高品质学校建设的探索与实践"课题是我们 2018 年启动重大课题以来,硕果结得比较好的重大研究成果。现在回过头来看,当时我们决策抓重大课题研究,力图培育一批优秀的研究成果,这一认识,这个思路,至少在这个课题中得到了印证。近 4 年来,我们有 38 个重大课题。未来四川教育,我想通过这个抓手,让一批优秀的、重大的课题在不同的领域结硕果,这是一个很好的示范。

从课题成果的情况来看,一是具有原创性。课题着眼于学校发展在新的背景下怎么样突破,怎么样找到一个有效的路径等问题,经过 8 年的研究,形成了一套自己有关高品质学校建设的观点和主张。二是陈述度很好。从高品质,到高品质学校,到高品质学校建设的路径,以及高品质学校评价指标的构建,形成了一套完整的逻辑线路和逻辑闭环。它是一套很标准的陈述,而不仅仅是某个口号或某个观点。它有观点、有主张、有体系、有策略、有评价,而且还有质量,还有上百个不同类型的学校样态的典型案例展现。三是影响力高。不仅仅是在省内有影响,也在国内彰显了四川经验。不管从哪个维度,都体现出四川关于学校发展探索出了一条路子,发出了高品质学校建设的四川声音。这个影响力是很大的。

课题的研究,最关键的是为四川很多其他课题研究提供了一个优秀范式。例如课题组整理的资料,一个是《高品质学校建设·理论之思》,有关高品质学校建设的 20 个核心问题的叩问,反映了课题研究一定是带着问题、追问问题、叩问问题的过程,通过叩问,探索归纳总结出了自己的主张和成果。第二个是陈列了 34 个全国顶尖专家从不同维度对课题研究的点评,兼听则明,通过专家的意见建议,不断深化我们的研究。这是非常宝贵的。第三个是带动了一批人的成长,如课题组展示的 9 个主研人员的心路历程,反映出这些人在研究过程中的关注点、成长点。

以下提出几个建议。一是关于高品质学校建设的指标体系,一定要变成一个可操作性的东西,要清晰地展现高品质学校的模样。现在课题组构建出来了一套初步的体系,如何让这套体系更具合理性和科学性,建议在做高品质内容要素的时候,可以利用德尔菲法，利用手上这34个专家来进行专业判断和指导。二是关于成果的表述，结题以后，我们要以成果的形态，回过头来梳理提炼我们的研究实践。课题报告反映的是我们做了什么、怎么做的。接下来，我们要梳理出我们的核心成果，思考一下，高品质学校，我们究竟以哪种成果形态去表达，是以高品质学校的建设方式，还是高品质学校的理论建构和实践探索体系方式，或者是高品质学校建设的评价体系、建设体系、策略体系等方式，梳理出一个方案性的东西。

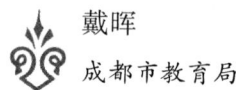
戴晖
成都市教育局

课题研究有以下成效：

第一，课题聚焦了战略需求。一是服务了国家、四川省高质量发展战略；二是服务了教育现代化、教育强省和教育高质量发展战略；三是通过课题的研究，真正地聚焦并且引导了我们所有的学校走内涵发展的道路。高品质学校建设的探索与研究，聚焦战略需求，聚焦重大的理论与实践问题进行研究，具有先导性、前瞻性和战略性。

第二，充分发挥了四川省教科院的"智库"功能。

第三，课题本身的研究质量比较高。一方面，从课题研究的典型特征看，一是突出了基础的理论研究；二是突出了实验和应用方面的研究；三是加强了区域的协同研究。另一方面，课题的学理分析和专业表述都具备一定的水准。

第四，激发了各方发展的活力。一是调动了各方的积极性和主动性，包括参与研究的创造性；二是推动了一批实践学校的建设。

第五，回应了各方的关切。这是这个课题最大的价值体现。一是回应了政府对社会"学有优教"的承诺；二是回应了老百姓对"家门口的好学校"的优质资源需求；三是澄清了教育行业对于"高品质""新教育""新基础教育""新样态学校"这一类的概念和主张、思想等的模糊认识。

第六，课题做出了巨大的贡献。一是创新了研究方法，对各种研究方法进行了合理的运用与融合创新；二是做出了理论贡献，形成了高品质学校的一套基础性的理论体系；三是做出了实践贡献，真正形成了一批实践案例，包括实践方案、指标体系以及咨询报告等。

这个课题真正地呈现了四川的经验,呈现了四川的样本,发出了四川的声音,提供了四川的案例。

针对研究报告,我有三个建议:

第一,建议我们在下一步的研究当中,要增强"高品质学校"的画面感、场景感和立体感。

第二,建议进一步研究完善指标体系。一是进一步明确指标体系构建的维度和具体指标的选择,进一步考虑指标的导向性、典型性和简洁性;二是在设置指标体系的过程中,要尽量减少主观性要求,改成可量化的内容,尽量往数据的方向转换。在指标的使用方式上,尝试采用"达成度"来进行判定。在结果的运用上,还要考虑指标在诊断性、决策性基础上的引导性和激励性。

第三,建议针对不同的主体赋予不同的推进策略。例如从省级的层面,可以采用以下策略:一是因地制宜或因校制宜,分类推进;二是软硬并重、内外兼修;三是顶层设计和微观探索并重,进行系统性整体性的规划,鼓励创新驱动;四是综合施策和精准施策相结合,全面推进课题的重点突破和关联突破;五是建立动态调整机制,跟踪调研,在未来继续培育"高品质学校的建设"这一项目。

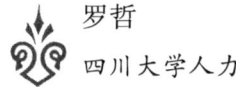
罗哲
四川大学人力资本开发研究所所长

第一,实际出现的研究问题引出有价值的研究课题。四川教育实际出现的教育问题在哪里?四川省的地域广阔且复杂,区域、民族众多,不同区域之间教育差异很大,各个地方的能动性差异会比较多。以前四川教育研究的是不同区域的不同教育模式,没有从省级层面来看四川教育的统筹是什么。这个课题的出现标志着四川省教育研究的一个高点的出现,它对接国家之天下,立足四川复杂的省情,敢于用一个统一的话题来进行研究。不再将四川省进行分化,而是有一个统一的价值观和研究态度来看待整个四川教育。这样的选题在价值上的"顶天立地"是做得很好的,所以专家组非常赞成这样的选题。

第二,扎实有效的研究过程带来新的研究范式。这个课题给四川的教育带来了一种范式的创新和发展,未来四川在教科研上也会有一些提高。除了过去我们占领文献高地、占领政策高地，想真正研究四川教育还要有大的格局和观念来协同进行研究。不仅要有层级之间的协同，即从省到市、再到学校层面的协同，还要有专家之间的协同，这个课题把国内最顶尖的教育研究的专家与本土的团队进行结合，最大限度地将专家的力量发挥至课题的方方面面。这个课题是一个真正协同的产物。

第三，研究带出的实践性和学理性的成果在未来还有"双延伸"。课题组成员从国内顶尖专家到教研单位研究院，再到一线校长、教师，从理论架构到实践实施，整个课题组成员都全力以赴，共研共行。这样的课题不仅带出了丰富的研究成果，还高高地托举起了、带出了一批非常优秀的校园长，这是实践性；而经过几年的反复推敲和研究，定义出了高品质的内涵和解读，引用"品质"，再用"品位""质量"来做"品质"的成绩，在这些逻辑上有了真正的思考，这是学理性。

未来这个课题还会有一个"双延伸"。第一个延伸就是要从学理的角度再次解读"高品质"的内涵，形成理论性支撑，走向折射成果的一种状态。第二个延伸就是从教学成果的角度来看，未来这个课题能够撬动四川省的实践，我们必须做一个先于政策与制度性解读的思考，从高品质学校建设的政策层面进行做的层面的思考。

另外提出几点建议。

第一个建议，要去思考四川省将推行的 1000 个高品质学校建设在政策制度上应通过怎样的路径推动。高品质学校不是为了选优，要区分四川的特点先实行试点法推行，在推行过程中不断反思、不断修正，体现出高品质学校的特质。

第二个建议，课题先做好基础教育的"高品质学校"建设，一点一步扎实推行，形成相对成熟的经验后，在职业学校推行。

第三个建议，确定完善、科学并得到专家一致认可的高品质学校指标体系。针对指标体系的完善，组织专家会议，筛出过多的主观性指标，站在高品质学校建设的角度，确定专家都认可的指标体系。

后记

"高品质学校"概念是四川首创，是四川省教育科学研究院主研的四川省教育厅 2018 年普教科研重大课题成果。自 2012 年提出"高品质学校建设"任务以来，四川省教育厅、省教育科学研究院聚焦"培养什么人、怎样培养人、为谁培养人"的根本问题，以落实"立德树人、五育并举"为根本任务，引导各级各类学校全面实施素质教育，致力高品质愿景导向和完整框架意义下的结构性变革，全面提升办学品位和质量。近 10 年的研究，从部分学校和地区的探索上升为省域的全面推广，直接参与的幼儿园、小学、初中、高中学校共计 1200 余所，课题组成员发表研究论文 100 余篇，编辑出版四川"高品质学校建设的探索与实践"课题研究系列专著 4 部，凝练和推广实践案例 520 个、学校改革样本 110 个，经历了确定研究方向、构建理念系统、开展实践探索、深化成果提炼、扩大理论研讨、推广实践经验、完善凝练成果七个重要阶段，其中形成了五个方面的重要共识。

一、以未来视角关注高品质学校建设

未来是全社会关注的议题，我们已站在迈入未来的门槛上。因而，我们要从"未来"这一视角关注高品质学校建设。"高品质学校"，是对当下教育发展迷茫的回应和对未来教育发展愿景的描绘。四川省教育科学研究院刘涛院长专门撰写文章《高品质学校的教育意蕴与建设路径》，深度解读高品质学校建设的理念与实践，不仅是对学校改革当下的指引，更是对教育发展未来的前瞻。

高品质学校建设的研究是从历史观照到现实考量，是从个性上升到共性的研究，这对于四川省全省教育均衡发展和各级各类学校的内涵发展具有很强的现实意义。

二、以大局眼光审视高品质学校建设

高品质学校是在国家教育方针和教育政策、现代教育科学的主流理念和基本规律的指导下,围绕学校师生的生存方式和发展需求、社会和学校自身对其改革发展的要求办学,逐步实现知行合一,走上良性可持续发展道路的学校。

高品质学校建设的改革,是致力学校教育品质全面提升的改革,聚焦"培养什么人、怎样培养人、为谁培养人"的根本问题,以"五育"并举为基本路径,解决学校在质量追求中的认识与实践上的偏差,推动学校四川特色和校本路径的创新发展。

以"品质＝品位×质量"这一公式可揭示高品质学校建设的基本规律。学校的品位指的是学校办学行为符合教育规律和政策法规的程度,品位是前提条件,具有决定性作用。学校的质量指的是学校办学成果满足学生成长需求和社会发展需求的程度,质量是根本保障,是品位的实现程度。高品位,是指遵循规律,是真正把立德树人作为根本任务。高质量,是指培育人才质量高,培育过程质量高,"五育"并举,低负高效。品位的本质是学校主体对教育的认识与主张,质量的本质是学校主体对教育的实践与结果。品质体现的不是量变的相加关系,而是相互作用的质变结果。

高品质学校在品位、质量两方面的要求,及其在教育、组织两种视角下的限制,交叉作用,形成了我们理解高品质学校的一种特殊结构框架。由此,高品质学校应遵循四个基本主张,即全人、全纳、共生、共赢。

三、以结构逻辑设计高品质学校建设

高品质学校建设改革,以"高品质课堂、高品质学校、高品质教育"为发展方向,是具有完整的框架意义和愿景指导的结构性变革。高品质学校建设既要"顶天",把握大局;又要"立地",从实际出发。

高品质的高品位和高质量不是截然分开的两个方面,而是集中体现了学校在办学中的"知"与"行"的协同结构,具有协调性、可持续性的发展特点——高品质不是高品位和高质量简单叠加,而是二者相互促进、相互融合,一方面,学校的实践兼具较高的品位和质量,另一方面,品位提升的要求和质量落实的行动互相促进,使学校不断进步。

学校高品质建设有六大基本要素。文化和课程共同构成了学校的品位水平，管理质量和教学质量共同构成了学校的质量水平，评价体系是品位和质量之间的转化机制，教研能力是品位和质量之间的转化动力。

学校高品质建设的基本样态是"五修三力""五育三课""五建三好"。"五修"指的是愿景、信念、心智、学术、情感五项修炼，"三力"指的是领导力、凝聚力、发展力三种能力；"五育"指的是坚持德、智、体、美、劳"五育"并举，全面发展素质教育，"三课"指的是课程、课堂、课题"三课"齐驱；"五建"指的是建好"安全校园、文明校园、健康校园、智慧校园、文化校园"，"三好"指的是"办学氛围好、社会声誉好、发展前景好"。

四、以统筹思维推动高品质学校建设

高品质学校建设的实践主要体现在三个方面：统筹规划，加强战略布局，校长是高品质学校建设的第一责任人；合力攻关，推进改革深化，教师是高品质学校建设的第一资源；深化研究，实现内力驱动，教育科研是高品质学校建设的第一推动力。

具体而言，要实现学校的高品质发展，必须把学校的各方面工作看作一个整体，综合考量，统筹推进。从发展的规划到实践的落地，有五个环节应发挥关键作用。一是愿景先行，对于学校而言，"走向高品质"是一个通用的愿景表达。二是系统规划，关键在于协调，具体表现为一方面细化权责，另一方面明确要求。三是素养提升，提升队伍素养最主要的途径是园本研修。四是多元参与，包括学校行为主体的全员参与、物理空间之内的集体参与、利益相关方的共同治理、专业相关方的配合支持。五是动态管理，学校改革发展中的大小事情都须与时俱进、因地制宜、因人而异。

五、以长期主义共促高品质学校建设

高品质学校建设是新时代背景下学校改革发展的新理念，是学校建设愿景的新目标，是高质量教育体系的新内容，是构建四川教育"鼎兴之路"的新路径；同时也是近年来凝聚四川教育人深厚情怀，激发四川教育改革活力的一个大舞台。其研究有四大特点：一是研究团队多元融通；二是理论研究高位引领；三是实践探索立体联动；四是研究成果逐渐丰硕。

研究的不断深化和成果的逐渐积累，要感谢研究过程中始终关心四川教育、关心四川教学科研工作、关心"高品质学校建设"课题组的领导、专家和学者；要感谢全省21个市州和183个区市县教科研机构、全省520所学术共同体和87个子课题单位，以及所有关心、支持、参与高品质学校建设的教育工作者；也要感谢课题组各位成员的长期坚持和精益求精，感谢各方面参与研究的同志的通力合作和大力支持。"高品质"让我们看到了未来的希望，也让我们找到了前行的同伴，这条路越走越宽敞，越走同伴越多，我们也就越走越自信、越走越坚定。愿我们继续开辟新路，能够走向远方，更愿这条路能够让更多人找到方向，走向不断发展和进步！

崔 勇

（崔勇，四川省教育科学研究院《教育科学论坛》与教育志鉴编辑部主任，《教育科学论坛》主编。）